JN106471

1000
+
LITTLE THINGS

HAPPY SUCCESSFUL
PEOPLE DO DIFFERENTLY

誰でもできるけれど
見過ごしがちな

幸せに近づく
1000のリスト

MARC CHERNOFF AND
ANGEL CHERNOFF

マーク&エンジェル・チャーノフ
弓場隆 訳

Discover

1000 + LITTLE THINGS

Happy Successful People Do Differently

by Marc Chernoff and Angel Chernoff

This edition published by arrangement with TarcherPerigee,
an imprint of Penguin Publishing Group,
a division of Penguin Random House LLC
through Tuttle-Mori Agency, Inc., Tokyo

はじめに

誰もが、ネガティブな思い込みに縛られて窮屈な日々を過ごしているものだ。その気になればその思い込みはいつでも解き放つことができるのだけれど、私たちはそのことにまったく気づかず、不自由な人生を送っているのが現状だ。

さあ、勇気を出して、その思い込みを解き放とう。

思い切って自分の殻を抜け出し、自由になって飛び立とう。

他人があなたのニーズを優先してくれるとはかぎらない。だから自分のニーズを優先しよう。あなたにとって、自分のニーズは最優先課題だ。

どんな試練に直面しても、よりよく生きていくことができるように、自分を大切にすべきである。

とはいえ、それを言うのはたやすいけれど、実行するのは難しい。

幸いなことに、人生がうまくいく考え方がある。長年、私たち夫婦は一対一のセッションや大人数のセミナーを通じて、精神的な苦しみを抱えている人たちのお手伝いをしてきた。

人生でポジティブな変化を起こすには案内役が必要だ。

本当の幸せと成功を手に入れるためには、この本を案内役に、誰でもできるけれど見過ごしがちな「幸せに近づくための小さなヒントや行動」を、一つずつ実行していくことだ。

けっして恐れる必要はない。今、人生がうまくいかずに悩んでいるかもしれないが、それはあなただけではない。実際、世界中の多くの人が苦闘しながら生きている。

たしかに大きな悲劇に見舞われて迅速に対処しなければならないことも、ときにはあるだろう。しかし、たいていの場合、私たちが抱えている本当の問題は、心の持ち方と振る舞いにある。そして、それは日々実行していくことで改善することができる。

もちろん、それは簡単ではない。しかし、それをするだけの価値は十分にある。

Don't settle
for the default
settings in life.

この本の使い方

この本には、あなたが幸せに近づくためのヒントをたくさん用意している。

どれもシンプルだけれど、たいていの人が見過ごしがちなことばかりだ。

何よりも大切なのは、自分自身のために、心地よいと感じるペースでページをひらき、自由に、楽しく、本書を活用してもらうこと。

そのために、次の使い方をおすすめしたい。

1

目次や本文をぱらぱらとめくってみて気になった項目を選び、そのページから読んでみよう。自分の悩みや関心にあわせて好きなところを読めるのが、本書の特長だ。

2

本書では重要な項目が繰り返し掲載されている。

つまり、それだけ人生において大切だということ。

今の自分の状況に応じて、必要なことを取り入れてほしい。

3

毎日少しずつリストを見て、できることから実行していこう。

すべての項目を一気に行う必要はない。自分のペースで取り組もう。

この本が、あなたの幸せな
人生の助けになりますように。

（ディスカヴァー編集部）

contents

Part 1

幸福

Part 2

逆境

Part 3

人間関係

Part 4

自分を大切にする

Part 5

情熱と成長

Part 6

生産性

Part 7 目標と成功

Part 8
シンプルな生き方

Part 9
希望

Part 1

幸福

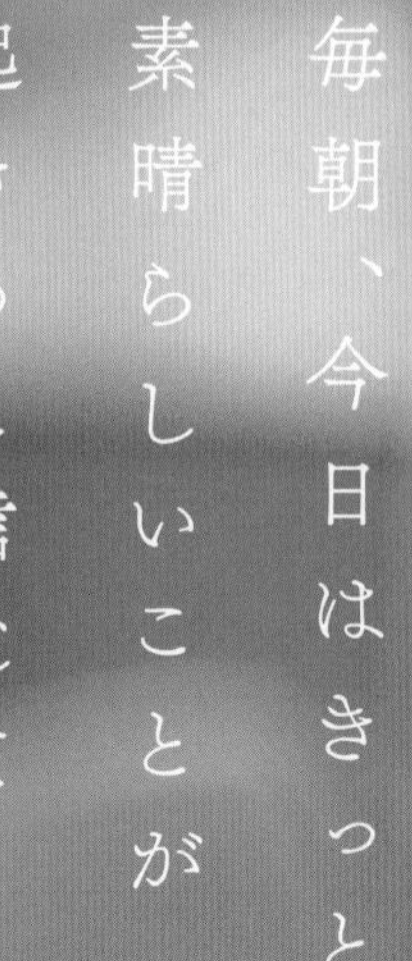

毎朝、今日はきっと
素晴らしいことが
起きると信じて
目を覚まそう。

幸せになるための5つの資質

私たち夫婦は、人生に悩むたくさんの人たちを指導する中で、次の5つの資質が幸せに最も大きな影響力を持っていると確信するようになった。それを紹介しよう。

1 勇気

恐怖心は幸せを奪い取る姑息な大泥棒だ。それはこっそりと心の中に忍び込み、決意とやる気を失わせ、直面している試練に耐える能力をなくさせる。

一方、勇気はこの大泥棒を撃退する強力な味方だ。困難に挑む意欲をかき立て、苦しみを乗り越える力を与えてくれる。勇気がなければ、幸せは幻想にすぎない。

2 忍耐力

忍耐力がなければ、幸せは吹き飛んでしまう。人生は予測不可能だから、完全にコントロールすることはできない。人生がうまくいかないとき、忍耐力を発揮しなければ、イライラして平常心を失い、非常に不幸せな気分になる。

そんなときは深呼吸をしてリラックスし、忍耐力を発揮しよう。不確実性を受け入れ、予測不可能な人生をできるかぎり楽しむだけの余裕を持とう。

3 感謝

いつも感謝の気持ちを持つためには、悪い状況の中でもよいことに気づき、難しい状況にある中でも楽しいことに目を向ける必要がある。物事が計画どおりにいかないときでも、ふだん得ている「恩恵」を数えて人生の素晴らしさに感謝しよう。

もちろん感謝の気持ちを持ったからといって、抱えている問題が消えるわけではな

い。しかし、悩みの程度が小さくなり、背負っている重荷が軽くなるのはたしかだ。

4 愛

幸せな人生に愛が欠かせないことを確認するためには、愛のない人生を想像するといい。

憎しみに満ちた人生を送りながら、幸せを感じることができるだろうか。

愛が心の中にあふれていればいるほど、より大きな幸せを感じ、人生の喜びにひたることができる。

心に愛があれば、相手の欠点に目をつぶり、相手の長所を引き出すことができる。

5 許し

受けた傷を忘れず、相手に復讐を誓うと、ときには勝つかもしれない。しかし、たとえ勝っても、不幸な気分にさいなまれる。

相手を許そうとしないなら、自分がつくった心の牢獄の中に閉じ込められるはめになる。

だから、過去に受けた傷を忘れて自分を解放し、人生の喜びをかみしめる機会をたくさん見つけたほうがいい。

たとえば、あなたは親の欠点を許しているだろうか。学校のいじめっ子、気まぐれな恋人、扱いにくいパートナー、わがままで冷たい子ども、自分勝手な近所の人についてはどうだろうか。もしその人たちを許していないなら、心の傷をますます広げることになる。

自分を傷つけた人たちを許そう。

そうすれば心が癒され、幸せに近づくことができる。

うまくいかないときに感謝の気持ちを持つ6つの方法

すべてがうまくいかないように思えるときでも、感謝の気持ちを持つ方法はある。だからといって、困難な時期を楽しむべきだと言うつもりはないけれど、そんな時期でも感謝の気持ちを持つことはできる。その方法を紹介しよう。

1 やっかいな人と接するときはプラスの面を見る

私たちは相手が礼儀正しく接してくれることを期待しているが、現実にはそうしてくれない人もいる。私たちがどんな接し方をしても、一部の人は短気を起こしたり無礼な態度をとったりするものだ。

そういう人たちには何も期待しないことが、彼らの愚かな振る舞いにがっかりしないための最善策である。

やっかいな人と接する必要に迫られたとき、やっかいではない素敵な人たちとふだん付き合っている幸運に感謝するだけでなく、忍耐力を発揮する機会を与えてもらったことに感謝しよう。

やっかいな人がいるからこそ自分は人間として成長できるのだと思えば、さらに感謝の気持ちがわいてくるはずだ。少なくとも、その人たちが反面教師として悪いお手本を示してくれたことに感謝したくなるに違いない。

2 ストレスを感じるときは、「でもそれが大好きだ」と言ってみる

いつも素晴らしい環境や人間関係に恵まれていると、それが当たり前のように思えてくる。だからひとたびストレスに悩まされると、素晴らしいはずの環境や人間関係がうっとうしく感じられるかもしれない。

そんなときは「でもそれが大好きだ」という言葉でものの見方を変えてみよう。

「今日の午後、スーパーに行って食料品を買い込み、今月の請求書の支払いをし、子どもを迎えに学校へ行かなければならない。でもそれが大好きだ」
「多くの顧客から問い合わせのメールが届いて、今日中にすべて返信しなければならない。でもそれが大好きだ」
こんなふうにすれば、ストレスを感じているときでも、ものの見方を変えて感謝の気持ちを持つ方向に切り替えることができる。日常生活の面倒な課題は、たいてい災難のように見えて、あとでよい結果をもたらしてくれるものだ。

3 失業したときは、自分をレベルアップするチャンスだと思う

チェスは前進するだけでは勝てない。勝つためには後退しなければならないこともある。そして、この原理は人生にもあてはまる。

失業はつらいことだが、そのあとにつづいて起こる一連の出来事の始まりでもある。身軽になって最初からやり直せる喜びにひたろう。あなたは新しい物語のスタート地点にいる。人生を刷新する絶好の機会なのだ。

そして、どんな状況に置かれていても、感謝の対象を見つけることはできる。新しいスキルを身につけ、自分をレベルアップするのは難しいことかもしれないが、そんなときでも感謝することはできる。つらい時期を過ごしながらも、より強くなる機会が得られたことに感謝しよう。

4 健康問題が生じたら、生き方を見直す機会を得たと考える

数年前、ある親友が死ぬ2日前に「末期がんと診断されたあとの最後の2年間に比べて、それまでの人生で強い目的意識を持って情熱を燃やしながら生きていなかったことが唯一の心残りだ」と言った。

さらに、「この2年間で多くのことを成し遂げられたことに感謝している。こんなに充実した人生が送れるのなら、もっと早く始めたらよかったと思う」としみじみと語った。

私たち夫婦は彼女の言葉を聞いて涙を流しながら笑みを交わした。本当に奇跡的だったのは、その瞬間、彼女の目に感謝の気持ちがあふれていたことだ。

それ以来、私たちは彼女の気持ちをずっと共有してきた。もちろん健康問題が生じるのはけっして愉快なことではないが、前に向かって進んでいくことに対する感謝の気持ちによって、苦しみは多少やわらぐように思う。

5 愛する人が亡くなったら、その人が残してくれたものに感謝する

かけがえのない人を失ったとき、人はみな悲しみに打ちひしがれる。しかも残念なことに、誰もがその悲しみから完全に立ち直ることはできない。愛する人を忘れることはけっしてできないからだ。

しかし、私たちはその経験を乗り越えて、その中に意味を見いだすことができる。私たちは、究極的には死は人生の終わりだが、重要な一部分でもあることを悟るようになる。限りがあるからこそ生きる喜びが際立ち、愛する人が示してくれた素晴らしいお手本に感謝の気持ちを持つことができるのだ。

6 不平を言いたくなったら、感謝すべきことを見つける

物事が思いどおりにいかないと、ついつい不平を言いがちである。

だが、そんなときこそ感謝の気持ちを持とう。感謝は不平を消し去る解毒剤だ。

自分が不平を言っていることに気づいたら、「人生はもっと快適なはずだ」という思い込みを捨て、感謝すべきことを見つけよう。

あなたは今すぐ何に感謝できるだろうか。

不平を言いたくなることはいくらでも見つかる。だが、感謝すべきこともいくらでも見つかるはずだ。どちらを選ぶかは、あなた次第である。

Find a small way
to be grateful.

幸せになるためにやめるべき10の悪い習慣

幸せになるために、ぜひともやめるべき悪い習慣がある。

悪い習慣をやめれば、よい習慣を身につけることができる。

1 スタートするまで時間をかけるのをやめる

成功の秘訣は行動を起こすことだ。多くの人は単に成功を夢見るだけだが、一部の人は目を覚まして成功に向かって精いっぱい努力する。

私たちは、行動が最も必要なときに行動を起こさないことがよくある。

不完全でもいいから、とにかく小さな第一歩を踏み出そう。そうしなければ何も始まらない。

2 他人のせいにするのをやめる

人生がうまくいかないからといって、他人のせいにしてはいけない。そんなことをしているかぎり、自分の責任を放棄し、問題をずっと引きずることになる。

自分の人生に責任を持とう。他人のせいにするのはつまらない言い訳であり、そんなことをしていても何も変わらない。次の一歩を踏み出すことができるのはあなただけであり、それはあなただけの責任なのだ。

3 変化を避けるのをやめる

世の中は常に変化している。この事実を受け入れることは、幸福と成功にとって不可欠である。なぜなら、変化することによって初めて成長することができるからだ。

4 コントロールできないことをコントロールしようとするのをやめる

人生にはコントロールできないことが多々あるが、
それに対して自分がどう反応するかは
常にコントロールすることができる。
あなたにとって最善策は、
コントロールできないことを受け入れ、
心の持ち方などのコントロールできることに
時間と労力をかけることだ。

5 自分をけなすのをやめる

人生がうまくいかない主な理由のひとつは、自分を疑って心の中でネガティブなセリフを言ってしまうからだ。しかし、自分をけなすのは、自分に対するいじめのようなものである。

ふだん心の中で自分に言っているネガティブなセリフを見きわめ、ポジティブなセリフと置き換えよう。そうすれば人生を軌道修正することができる。

6 他人の欠点を気にかけるのをやめる

他人に対してネガティブな思いを抱くと、自分の幸せがむしばまれる。だから他人の欠点を気にかけるのをやめ、自分を向上させることに意識を集中しよう。自分の成長と進歩に全力を傾ければ、他人を批判している暇はなくなる。

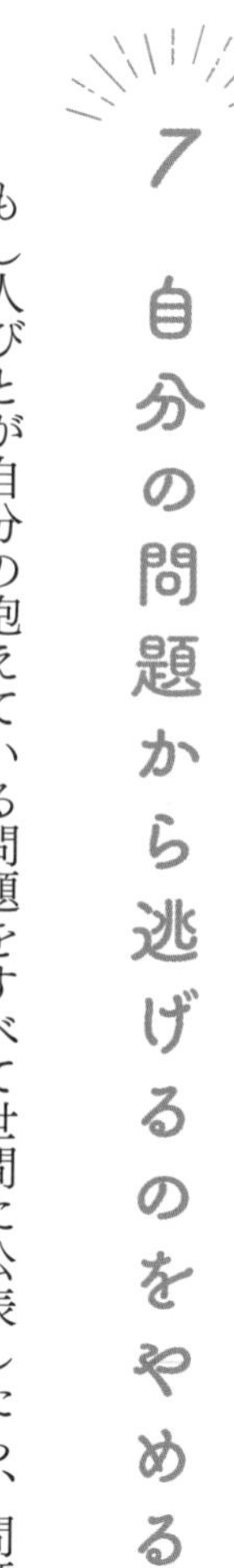

7 自分の問題から逃げるのをやめる

もし人びとが自分の抱えている問題をすべて世間に公表したら、問題を抱えているのは自分だけではないことに気づくだろう。

あなたにとっての最善策は、抱えている問題がどんなに困難に見えても、それに正面から取り組むことだ。恐怖心のために思い切った行動がとれず、決意が揺らぐかもしれないが、少しずつでいいから着実に取り組もう。逃げているかぎり、いつまでも同じ問題に悩まされることになる。

8 別の時間と場所に生きるのをやめる

過去はすでに去ったし、未来はまだ来ていない。いくら過去を嘆き、未来について悩んでも、何も変わらない。

人生最大のパラドックスのひとつを紹介しよう。明るい未来を切り開けるかどうかは、「今」に集中できるかどうかにかかっている。

仕事中に今度の休暇について考えたり、休暇中に仕事について心配したりするのをやめて、「今」に集中しよう。

9 マイナス面に目を向けるのをやめる

うまくいかないことに感謝しよう。うまくいくことに意識を向けるきっかけを与えてくれたのだから。去っていった人に感謝しよう。寄り添ってくれる人と過ごす時間を与えてくれたのだから。

10 自分以外の人になろうとするのをやめる

あなたよりも魅力的な人、頭がいい人、若い人は必ずいる。

しかし、その人たちはあなたではない。あなたはあなたらしくすればいいのだ。

きっといい人が現れて、ありのままのあなたを愛してくれるだろう。

不幸な人が犯しがちな10の間違い

不幸になる考え方をしているなら、言い訳をせずにすぐにそれを改めるべきだ。そういう人が犯しがちな間違いを紹介しよう。

1 もうチャンスを失ったと思うこと

今この瞬間を含めて、人生のすべての瞬間が新しい出発点だ。過去の後悔からあなたを解き放ち、新しい始まりに向かって導いてくれる前向きな言葉を紹介しよう。それは、「今すぐ気持ちを切り替えよう」である。

2 うまくいかなかった人間関係を口実にすること

人生は、「会いたい人たち」を紹介してくれるとはかぎらない。

ときには人生は、「会う必要のある人たち」を紹介してくれる。

その人たちはあなたを助け、あなたを傷つけ、あなたを愛し、あなたから去っていき、あなたを強くしてくれる。

3 他人を満足させるために自分を変えること

他人に好かれるために自分らしさを捨てる必要はない。

「なぜ誰もありのままの私を好きになってくれないのか？」と思い悩むのではなく、「なぜ私は、他人にどう思われるかを心配しているのか？」と自分に問いかけよう。

自分の言動で誰も傷つけていないのなら、ありのままの自分でいればいい。もし他人がそれを快く思わなくても、気にする必要はない。

4 ネガティブな人と付き合うこと

ネガティブな人と付き合うのをやめて、一緒にいると笑顔になれる人と付き合おう。ネガティブな人と付き合っても、いやな思いをするだけだ。人生は不幸な気分で過ごすにはあまりにも短い。

5 今日を楽しまないこと

今日という日は二度と来ない。だから今日を大いに楽しもう。たいていの場合、思い出になって初めて、その瞬間の本当の価値がわかる。

今この瞬間を生きている喜びにひたろう。あとになって、あのときはよかったと気づく前に。

6 自分にないものに意識を向けて、自分にあるものを見落とすこと

ほとんどの人は、自分が持っていないものに意識を向ける傾向がある。しかし、そんなことをするより、自分が持っているものに意識を向けたほうが楽しく生きられる。しかも、それは他の人たちが持ちたいと思っているものかもしれない。

7 つらかった過去のできごとに固執すること

素晴らしいことは、最悪のことが起きたあとにやってくることが多い。最悪のことが起きたとき、前に進みつづけることもできるが、過去に固執してしまうこともある。

いずれにせよ、時間は過ぎていく。

だから過去から学び、早くそこから抜け出そう。痛みを経験することによって、より強くなることができるのだから。

8 他人のために自分の幸せを犠牲にすること

他人のために自分の幸せを犠牲にしてもなんにもならない。人生とは他人を一方的に幸せにするためのものではなく、自分の幸せを他人と共有するためのものだ。

9 自分の目標を見失うこと

他人の目標を追い求めるのではなく、自分の目標を追い求めよう。他人のまねをする必要はない。あくまでも自分の個性を大切にしよう。

10 他人の期待を裏切ること

何かをすると言ったら、必ずそれをしよう。もしその気がないのなら、最初から正直にそう言えばいい。

他人があなたを批判しても、誰もそれを信じないくらい正直に生きよう。周囲の人から人格者だとたたえられる生き方をしよう。

とてもポジティブな人たちが実行している9つの習慣

ポジティブな生き方をするためには、ポジティブな習慣を身につける必要がある。日々、とてもポジティブに生きている人たちはどのような習慣を持っているのだろうか。彼らに共通する習慣を紹介しよう。

1 毎朝、今日は素晴らしいことが起きると信じて目を覚ます

ポジティブな姿勢は他に類を見ない活力源になる。常にポジティブな姿勢を維持することで、最も手軽な「生きるエネルギーの泉」を手に入れよう。まるでここが地上の楽園であるかのように、いつも微笑みながら前向きに生きよう。

2 人生の中の「完璧な瞬間」を大切にしている

人生はけっして完璧ではないが、「完璧な瞬間」はいくらでもある。ささいなことに落胆してはいけない。あなたは人生が奇跡であることを再発見する能力を持ち合わせているのだから。

3 人生の試練から逃げない

未知の領域に足を踏み入れると、不安を感じて逃げたくなるかもしれない。しかし、そんなときこそ人間として大きく成長する機会だ。だからけっして逃げ出さず、人生の試練に堂々と立ち向かおう。

4 常に自分を成長させている

毎日が、学び、成長し、強みを伸ばし、過去の後悔から自分を癒やし、前進するための新しい一日だ。うまくいっていないことを変えるのに遅すぎることはない。今日を賢く使うことは、よりよい明日をつくるのに役立つ。

5 自分の存在を祝福している

日々をどう過ごすかは、心の持ち方で決まる。今日をこれまでで最も幸せな一日にする方法は、自分を世界一の幸せ者とみなし、人びとに貢献することだ。心を開き、気前よく他人に尽くそう。

6 正直に生きている

正直に生きることは、最もポジティブな生き方だ。無理をして自分をよく見せようとするのではなく、正直に生きよう。誰も見ていないときでも正しいことをしよう。真実はいずれ明らかになるのだから。

7 常に幸せになることを選ぶ

特に理由がなくても幸せになることを選ぼう。世の中があなたの幸福感に水をさすことがないように、たえず自分を幸せな気分で満たそう。

8 周囲の人に微笑みかけている

今日、周囲の人に微笑みかけよう。

思いやりは元手いらずなのに、とても有効である。そして、あなたもよく知っているように、それは回りまわって自分のもとに返ってくる。

Part
1
幸福

Open-minded,
openhearted, and
openhanded.

9 自分を幸せにしてくれる人と一緒に過ごしている

よい接し方をしてくれない人と一緒に過ごすのは時間の無駄づかいだ。

だから幸せな気分にしてくれる人を選ぼう。

たとえば、落ち込んでいるときに励ましてくれる人、あなたを利用しようとしない人、心から気づかってくれる人は、一緒に過ごすのにふさわしい人たちだ。

すぐに気分がよくなる17の秘訣

ストレスがたまって精神的につらくなったとき、ここで紹介する秘訣のどれかを実行してみよう。

1 友人と会話をする

気の合う友人とときおり短い会話をするだけで、ふさいでいた気分が盛り上がる。

2 ストレッチをする

立ち上がって背伸びをし、かがんで足の指に触れ、上体を左右にひねってストレッチをしよう。

3 外に出かける

ときおり外に出て新鮮な空気を吸うことは、心をクリアにして感覚を研ぎ澄ませるのに役立つ。

4 軽い運動をする

その場で何度かジャンプして血行をよくするか、外に出て散歩をしよう。ほんの少しの運動でもストレスをやわらげ、気分をリフレッシュするのに役立つ。

5 手と顔を洗い、歯を磨く

自分の手と顔と歯をきれいにするだけで心が落ち着き、元気が出て、「さあ、やるぞ」という気分になる。

6 靴下を履き替える

これは奇妙なトリックのようだが、意外と効果的だ。替えの靴下を職場に持っていって、一日の途中で履き替えてみよう。きっと気分が爽快になって驚くだろう。

7 最高の自分だと感じる服装をする

最高の自分に見える服装をすると、おのずと気分がよくなる。

8 好きな音楽を聴く

なかでもアップテンポの音楽を聴くことは、精神を高揚させるのに大いに役立つ。

9 深呼吸を2、3回する

深呼吸をすると血中の酸素濃度を高めることができ、ストレスや疲労が軽減される。5秒間息を吸い、4秒間息を止め、4秒間息を吐くといった簡単な方法でもいいし、より複雑な方法を試してもいい。

10 鼻づまりを解消する

アレルギーのために鼻づまりを起こしていると、疲労を感じてネガティブな気分になるおそれがある。鼻づまりを解消するだけで、爽快感が得られるはずだ。

11 美味しい料理をつくり、味わう

たとえ一人でも、テーブルをセッティングして美味しい料理をつくり、ゆっくり味わえば、気分が盛り上がる。さらに、愛する人や尊敬する人とその経験を共有すれば、もっと気分が盛り上がるだろう。

12 エネルギーの吸血鬼を避ける

エネルギーの吸血鬼とは、いつも身の回りのことに不平を言ったり、やっかいな問題にこだわったりして、私たちがその人の話を聞いているだけでストレスがたまり、エネルギーを吸い取られてしまう人のことだ。そんな人と一緒にいると精神的に疲れるから、なるべく避けたほうが無難である。

13 重要な課題をやり遂げる

今日は、やり始めたことをやり遂げるのに打ってつけの日だ。以前からの重荷がなくなったあとほど、すがすがしい気分になることはない。

14 自分にとって有意義なことに取りかかる

ずっとしたかったけれど、取り組む決意ができなかったことに取りかかろう。

15 助けを必要としている人に手を差し伸べる

誰かの人生によい影響を与えれば、自分の人生にもよい影響を与えることができる。誰かの苦しみをやわらげるか、誰かに幸せをもたらすために何かをしよう。大きな充実感と満足感を得ることができるだろう。

16 自分の最新（または最大）の成果を思い出す

自分の最新（または最大）の成果について、少なくとも1分間考えてみよう。それは、成果をあげるのにたびたび役に立つ。「自分は成果をあげたのだから、再び成果をあげることができる」と思えるからだ。

GOO

17 実は、うまくいっていることに気づく

Notice what's right.

うまくいっていることは、
ついつい見落としがちだ。

そこで、少し時間をとって、
それを祝福しよう。
ときにはそうやって気分を
盛り上げる必要がある。

幸せな人生に近づくためにやめるべき9つのこと

いやなことに耐えながら時間と労力を浪費して過ごしているかぎり、充実した幸せな人生を送ることはできない。幸せになるためにやめるべきこととはなんだろうか？

1 退屈な人生に甘んじるのをやめる

成功を収めることとは、ときには今までの悪い習慣や人間関係と決別し、自分を本当の意味で向上させてくれる新しいものを見つけることを意味する。

朝ベッドから起きるのが待ちきれないほどワクワクする新しいものを見つけよう。

2 他人のネガティブな考え方に染まるのをやめる

他人の言動をコントロールすることはできないが、他人の悪しき言動に染まるのを防ぐことはできる。自分の神聖な領域を大切にしないなら、誰もそれを大切にしてくれないことを肝に銘じよう。

3 不必要かつ不健全な人間関係をやめる

自分の価値をわかってくれる人と一緒に過ごそう。幸せになるために必要な友人の数はそう多くない。ありのままの自分を高く評価してくれる真の友人が、ほんの数人いれば十分だ。

4 不正直な生き方をするのをやめる

正直な生き方は心の平和をもたらす。

これはお金では得られない貴重な精神的財産である。

不正直な生き方をしてはいけないし、そういう生き方をしている人とは付き合わないほうがいい。

5 毎日つらいと感じる労働環境に身を置くのをやめる

自分にはどうしても合わないと感じたら、その仕事はいつまでもつづけないほうがいいかもしれない。もっと自分に合った仕事を探そう。きっと大好きな仕事が見つかるだろう。情熱を燃やして打ち込める仕事なら、一生懸命に働くことは少しもつらくない。

6 「頭の中」だけに留まることをやめる

単に考えているだけでは何も変わらないし、進歩を遂げることもできない。始めるのに最適なタイミングは「今すぐ」だ。

7 過去の間違いに思いをめぐらせるのをやめる

船が沈みつつあると感じたら、重い荷物を捨てるときだ。人生もそれと同じ。過去の間違いを心の中で繰り返していると、人生を切り開くことはできない。

8 不要な借金をするのをやめる

借金はストレスと頭痛の種になる。お金の無駄づかいはやめて、快適な人生を送ろう。不要なものを買ってはいけない。他人に見せびらかすために浪費してはいけない。豊かさは所有物の量で測れると考えるのは間違いだ。お金に振り回されずに、きちんとお金を管理しよう。

9 言うべきことを我慢するのをやめる

腹立ちまぎれに暴言を吐いてはいけないが、言うべきことは言うべきときに、はっきり言おう。相手に思いやりを持ちつつ、常に本音を語ろう。

今の自分に幸せをもたらす9つの心がけ

幸せになるのを未来のある時点まで先延ばしにする必要はない。
あなたは、今すぐ、幸せになれる。
ではどうすればいいのか。自分に幸せをもたらす方法を紹介しよう。

1 自分の持っているものに感謝する

自分が持っているお金を数えるのではなく、自分が得ている恩恵を数えるなら、精神的な豊かさを感じることができる。

少し立ち止まって、自分がふだんどんな恩恵を得ているかを考えてみよう。

2 本当に大切なことに意識を向ける

私たちが今この地球上で生きているというシンプルな事実は驚くべき奇跡である。この事実を無視して、みじめな思いで日々を過ごすべきではない。

どの瞬間も素晴らしい贈り物だ。

だから不幸なことに意識を向けるのをやめて、本当に大切なことに意識を向け、どの瞬間も充実した気持ちで生きていこう。

3 有意義な人生をめざす

失敗を恐れるのではなく、退屈な人生に甘んじることを恐れよう。「あなたにはできない」と言う人はいくらでもいるが、そんなときは心の中で「今に見ていろ」とつぶやけばいい。

4 回り道を楽しむ

人生で回り道をすることは時間と労力の浪費だと思っているかもしれないが、回り道をすることによって見えてくるものもあるし、自分の進むべき方向もわかる。試練に直面すると取り乱しやすいが、創造性をかき立てて、より強い自分をつくり上げる新しい方法を発見することもできる。

5 なれる最高の自分になる

ときにはこれまでの自分を超えて、なれる最高の自分になるために努力しよう。

6 自分の体をいたわる

あなたは自分の体を持って生まれてきた。それを酷使することもできるが、それをいたわりながら生きていったほうがずっといい。
命が尽きるその日まで、自分の体と一緒に過ごすことになるのだから。

7 付き合う意義を感じない人との交流を減らす

残りの人生でポジティブな選択をするのに役立つ環境をつくろう。

自分にとってメリットのない人と過ごす時間を制限して自分の心を守り、ポテンシャルを発揮しやすくする工夫をしよう。

8 自分が丁寧に接してほしいのと同じように、他人に丁寧に接する

自分の言動に気をつけよう。あなたは自由に振る舞うことができるが、自分がしたことはいずれ回りまわって自分に戻ってくるということを肝に銘じよう。

FASHION SHOW

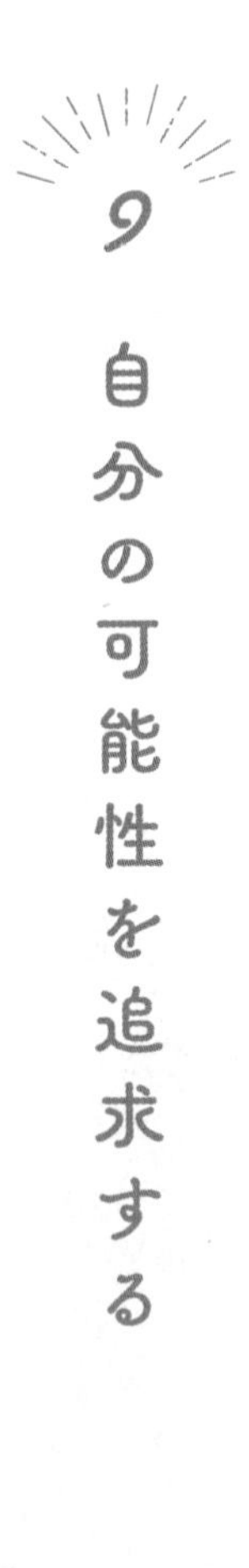

9 自分の可能性を追求する

過去を振り返って
「こうしたらよかった」
「ああすべきだった」と悔やみながら
時間を浪費してはいけない。
そんなことをするより、
自分の可能性を追求し、
それを実現するために努力しよう。

幸せに関する質問

◎あなたにとっての幸せとは？

◎思い浮かべると、すぐに微笑みたくなるものは？

◎子ども時代の最も幸せな思い出は？

◎あなたが今、最も感謝していることは？

◎幸せを感じられない悪い習慣は？

◎自分が持っているものを誇り、祝福しているだろうか？

Part 2

逆境

微笑んでいるからといって、
その人の人生は
順風満帆だとはかぎらない。
いつも微笑んでいるのは、
逆境に立ち向かう強さを
持っている証しである。

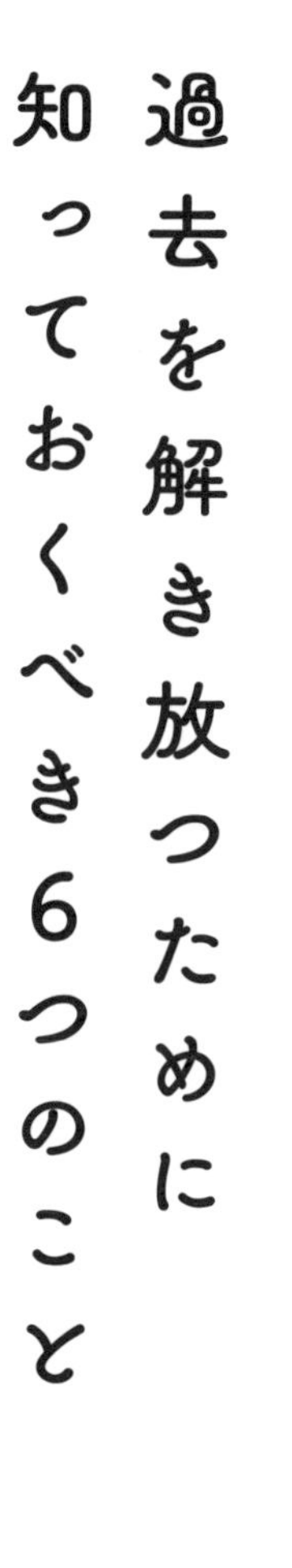

過去を解き放つために知っておくべき6つのこと

過去を解き放つことは、弱さではなく強さの証しである。
自分の価値に気づき、過去を解き放って前に進むために必要なことを紹介しよう。

1 過去に固執すると人生が無駄になる

過去の状況を分析して、「なぜこうしなかったのか」「なぜあんなことをしたのか」と思い悩みながら何日間も、何か月間も、何年間も過ごすより、すんだことを早く水に流して前に進みつづけるほうがいい。

2 すべての人といつまでも付き合う必要はない

多くの人が私たちの人生にかかわってくるが、すべての人といつまでも付き合う必要はない。実際、付き合うのをやめたほうがいい人もいる。その人たちの役割は、彼らがいなくても生きていけることを私たちに教えることである。

3 幸せとは、どんな問題にも対処する能力を持っていることだ

人生では問題が次々と降りかかる。しかし、どんな問題にも対処する能力を持っていれば、幸せでありつづけることができる。

4 どの瞬間も、ベストを尽くすだけで十分だ

「この瞬間、ベストを尽くしている」と自分に言い聞かせよう。間違いも含めて、自

分のしているすべてのことに誇りを持とう。
なぜなら、間違いを犯すということは、挑戦している証しだからだ。

5 一部の人はありのままのあなたを受け入れてくれない

すべての人がありのままのあなたを好きになってくれるとはかぎらないが、それでいい。

他人に迷惑をかけないかぎり、自分にとって正しいことをし、自分らしく振る舞う価値は常にある。

6 人間関係は信頼という強固な土台の上でだけ存在する

人間関係は信頼のない状況では存在しない。
信頼の強固な土台があって初めて、人間関係は発展する。

前に進むためにやめるべき9つのこと

よりよいものを手に入れるためには、ハードルになっていることをやめなければならない。それは簡単だとはかぎらないが、前に進むためにやめるべきことがいくつかある。

1 他人の意見に振り回されるのをやめる

大切なのは、他人がどう思うかではなく、自分がどう思うかだ。ときには、他人がどう思おうと、自分にとって最適だと思うことをする必要がある。

2　過去の失敗を恥じるのをやめる

過去にどんな失敗をしようと、未来は自由に切り開くことができる。大切なのは、今この瞬間に何をするかだ。

3　目標について優柔不断になるのをやめる

情熱を燃やしていると、エネルギッシュになる。逆に、情熱を燃やしていないと、エネルギーが不足して生産性が落ちる。たえず自分の目標について考え、情熱を燃やして、それを追求しよう。

4　重要課題を先延ばしにするのをやめる

私たちは生きているかぎり、常に大きな選択に迫られている。すなわち、現状をそのまま受け入れるか、それを変える責任を受け入れるか、だ。重要課題を先延ばしにしたら、1年後には「あのとき取りかかるべきだった」と後悔するに違いない。

5 何もせずに漫然と過ごすのをやめる

毎日が何かをする新しい機会だ。ものの見方を変え、不安と疑念におびえるのをやめて、自分が誇りに思える仕事をしてみよう。

6 解決すべき問題から逃げるのをやめる

問題から逃げると、人生は余計に難しくなる。したがって、問題から逃げることは妥当な解決策にはならない。問題と正面から向き合い、周囲の人とコミュニケーションをとりながら解決策を模索しよう。

7 言い訳するのをやめる

人生とは、創造的な問題解決をする機会の連続だ。間違いを犯しても、それを認めて修正するなら、失敗ではない。度重なる失敗の大半は、自分の間違いを認めようとせず、言い訳ばかりする人たちによるものである。

8 今この瞬間をないがしろにするのをやめる

私たちは人生の大部分が小さなことで成り立っていることを理解せず、いきなり大きなことを成し遂げようとしがちである。人生の旅を構成する一つひとつの貴重な瞬間を大切にしよう。

9 人生の素晴らしい面を見過ごすのをやめる

私たちが何を見るかは、
たいていの場合、何を探しているかに
左右される。
後悔しながら過去を振り返っていると、
現在の生活の素晴らしさに
気づくことができない。
ふだん得ている「幸せ」を思い浮かべ、
それに感謝しよう。

より強くなるために知っておくべき15の真実

より強くなるために肝に銘じるべき過酷な真実を紹介しよう。

1 努力しなければならない

努力すればするほど、幸運をつかむことができる。夢を現実にできるかどうかは、努力次第なのだ。だから今日は昨日よりも努力をし、かつてないほど真剣に戦おう。

The day you stop learning is the day you stop living.

2 誰もがときには失敗する

この真実をすんなり受け入れれば、素早く前進することができる。失敗しても落ち込む必要はない（逆に、成功しても浮かれる必要もない）。日々のたゆまぬ努力が成果をもたらすように常に全力を尽くそう。

3 自分が知らないことはたくさんある

学ぶのをやめる日は、成長するのをやめる日である。新しい情報を歓迎し、それについて考え、そこからより多くのことを得られるように活用すべきだ。

Part
2
逆境

TIROLER
WEINSTUBE
Antik

4 もしかしたら、明日はないかもしれない

だから今日、自分に与えられた時間に感謝し、それを有効に使おう。

5 いくら知識があっても、知恵があるわけではない

知恵は経験から生まれる。知識はいくらでも増やせるが、知恵を磨くためには実際に経験を積まなければならない。

6 世の中に価値を提供せずに成功することはできない

時間を浪費してはいけない。世の中に価値を提供するために時間を使おう。

7 自分よりたくさん持っている人は必ず存在する

お金であれ、友人であれ、その他の何であれ、自分よりたくさん持っている人は必ず存在する。しかし、本当に大切なのは、どれだけたくさん持っているかではなく、それに対してどれだけワクワクするかだ。

8 過去を変えることはできない

起きたことを変えることはできないが、それにどう対応するかは考え方次第で変えることができる。

9 自分を幸せにできるのは、自分しかいない

幸せは自分との関係にもとづいている。たしかに他人の言動は私たちの気分に影響

を与えるが、自分に対して心の中でどう感じているかが最も大きい影響力を持つ。

10 あなたを好きになってくれない人は必ずいる

どんなに頑張っても、すべての人に好かれることはできない。だから自分が心の中で正しいと思っていることをすればいい。

他人があなたについてどう考え、何を言おうと、あまり重要ではない。本当に重要なのは、あなたが自分についてどう感じるかである。

11 ほしいものが手に入るとはかぎらない

ほしいものが手に入るとはかぎらないが、それは必要ではないのかもしれない。身の回りを見渡して、自分が持っている大切なものに気づこう。

12 与えたものが手に入る

愛がほしいなら、愛を与えよう。友人がほしいなら、自ら友情を示そう。お金がほしいなら、それにふさわしい価値を提供しよう。

13 すぐに消える友人もたくさんいる

多くの友人はいずれ去っていく。しかし、一部の友人はずっと一緒にいてくれる。こういう友人こそが真の友人だ。

14 毎日、同じことをしていると成長が妨げられる

同じことばかりしていると、同じ結果しか得られない。成長を遂げるためには、新しいことに挑戦する必要がある。

15

新しいことに対して、準備が万端だと感じることはめったにない

人生の大きなチャンスをつかむには、大きな変化が求められる。だから、それに直面したときに完全に準備ができているとは感じられないだろう。

しかし、逃げるのではなく、向かっていかなければならない。

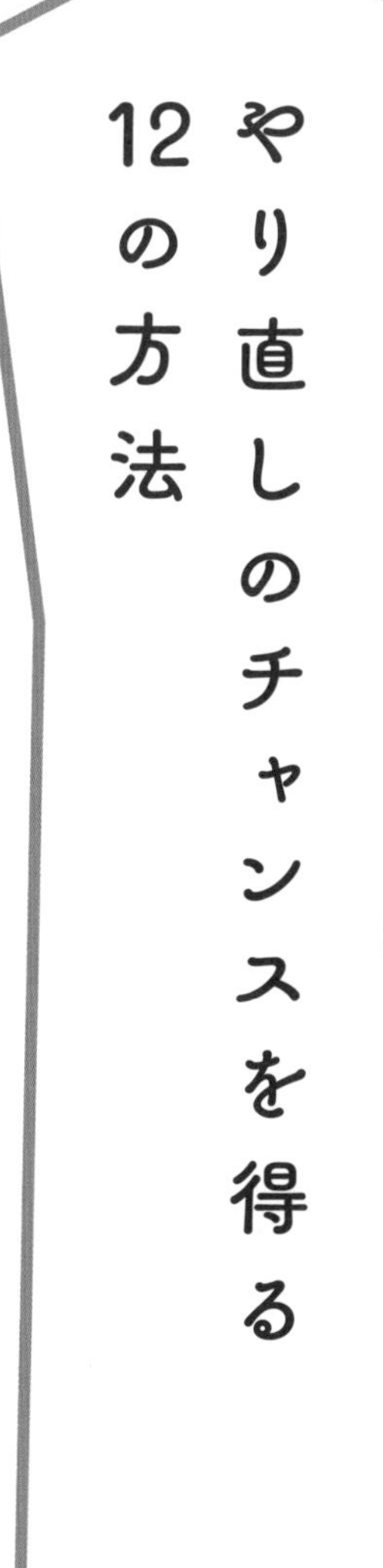

やり直しのチャンスを得る12の方法

やり直しのチャンスを得ると、過去の失敗を乗り越えて成長することができる。誰もがやり直しのチャンスを必要としている。その方法を紹介しよう。

1 過去にこだわらない

どんなにうまくいかない瞬間も、自分が成長し、創造性を発揮するチャンスだととらえよう。しかし、そのチャンスを生かすためには、過去を解き放つことを学ばなければならない。他のすべてのことと同様、どんなにうまくいっていない時期もいずれ過ぎ去る。

いったんその時期が過ぎ去れば、豊かな経験が得られ、よりよいやり方をするために必要なコツやヒントが見つかるはずだ。

2 教訓を見つける

すべてのことは人生の教訓である。出会うすべての人、経験するすべての出来事がそうだ。

人生がうまくいかないとき、そこに教訓を見つけることを忘れてはいけない。ほしい仕事が手に入らなかったり、人間関係がうまくいかなかったりしたら、よりよいことが待ち受けている兆しである。教訓を見つけることは、その第一歩なのだ。

3 ネガティブな姿勢をやめる

ネガティブな姿勢はネガティブな結果をもたらす。一方、ポジティブな姿勢はポジティブな結果をもたらす。

もしあなたの心の持ち方がネガティブなら、本書のどの提案も役に立たない。すべてのサクセスストーリーの根底には、ポジティブな姿勢がある。素晴らしいことを成し遂げたいなら、必ず素晴らしいことを成し遂げられると信じなければならない。

4 現状に対して責任を持つ

あなたの人生をコントロールできるのは、あなたしかいない。しかし、それは簡単だとはかぎらない。誰もが試練に直面するからだ。

あなたは自分が置かれている状況に責任を持ち、試練を乗り越えなければならない。それをしないかぎり、人生の果実を味わうことはできない。

5 自分の力で変えられることに意識を集中する

人生では自分の力ではどうにもならないことがあり、そんなことに時間と労力を使っても、みじめな思いをして挫折感にさいなまれるだけだ。

自分の力ではどうにもならないことではなく、自分の力で変えられることに時間と労力を費やそう。

6 夢をあきらめない

人生の目標が決まっていないなら、いつまでたっても空回りをつづけることになる。芸術家になるために生まれてきた人もいれば、起業家になるために生まれてきた人もいる。一回でうまくいかなかったからといって、すぐにあきらめてはいけない。他人の夢や願望を追い求めて自分の人生を無駄にする必要はない。直感に従い、夢をあきらめないと決意しよう。

7 不可欠でないものを削除する

まず、自分にとって不可欠なものを見きわめよう。次に、不可欠でないものを取り除こう。そうすれば人生は劇的にシンプルになる。

このプロセスは仕事や雑用、人間関係を含めて人生のすべての側面で効果を発揮する。あれもこれもしようとすると、結局、何も成し遂げることができない。不可欠なものにだけ意識を向けて、それ以外のことは排除しよう。

8 具体的に表現する

目標を設定するときは、できるだけ具体的に表現しよう。

たとえば、「私は10キロやせる」という目標は、具体的だから達成に向けて頑張ることができる。一方、「私はやせる」という目標は具体的ではない。

行動についても具体的に表現しよう。たとえば、「私は運動する」ではあいまいだから行動に移しにくい。しかし、「私は平日の午前6時から30分間のジョギングをする」という目標なら具体的で実行しやすい。

9 よい習慣に意識を向ける

「チョコドーナツを食べるのをやめよう」と思うと、チョコドーナツを食べることを考えてしまう。だから悪い習慣をやめることに意識を向けるのではなく、よい習慣を定着させることに意識を向けよう。そうすれば悪い習慣をやめることができる。

10 日々の生産的なルーティンを確立する

あまりにも単純なことのようだが、日々の生産的なルーティンを確立すると人生が変わる。これについては、Part 6でくわしく案内する。

特に一日の始まりと終わりにルーティンに従うと、大きな効果が得られる。すなわち、朝起きたとき、仕事を始めるとき、仕事を終えるとき、就寝の約1時間前である。そうすることによって気が散らずに重要事項に意識を集中することができる。そして最も大切なこととして着実に進歩を遂げることができる。

11 セルフコントロールを強化する

成果をあげたいなら、全力を尽くさなければならない。そのためにはセルフコントロールを強化する必要がある。それができれば、より大きな試練にも耐えることができる。

12 自分の目標を追求しつづける

あまりにも多くの人が必要ではないものを買うためにお金を借り、好きでもない人たちに見せつけようとしている。だが、そんなふうになってはいけない。

他人の思惑を気にするのではなく、あくまで自分の目標を追求しつづけよう。もし目標を達成できなければ、やり方を修正して再挑戦すればいい。実現可能な目標なら、やがて達成できるはずだ。

成長を促す8つの厳しい真実

すべてをコントロールできるわけではない。だからときにはリラックスして、物事がうまくいくことを信じるしかない。

1 成長を最大限に促してくれるのは、たいてい痛みである

痛みがなければ、成長もない。たいていの場合、痛みから学ぶ教訓は、成長を遂げるうえで最も価値がある。

2 まず自分を励まさなければならない

他人を励まそうとするなら、その前に自分を励まさなければならない。他人を幸せにしようとするなら、その前に自分を幸せにしなければならない。これはけっして利己主義ではなく、すべての人に課せられた責務である。

3 現実を直視しなければならない

長い目で見ると、現実から逃避して結果を出そうとするより、現実を直視して問題に立ち向かうほうが人生はうまくいく。

4 持っていないものに意識を向けている かぎり、けっして満足できない

豊かさは、どんなにたくさん持っているかではなく、持っているものに対してどう感じているかで決まる。

持っているものを当たり前のことのように思っていると、幸せは消えていく。

5 他人の思惑を気にかけないことが、最大の自由のひとつだ

他人にどう思われるかを心配しているかぎり、他人の思惑に振り回されることになる。他人の承認を求めるのをやめれば、自由を楽しむことができる。

6 一部の人はあなたにウソをつく

相手の言葉より行動に注目しよう。相手の行動は真実を教えてくれるから、その人との関係の本質を見きわめることができる。

7 挑戦に失敗はつきものだ

失敗したからといって、永久に目標を達成できないというわけではない。夢を強く抱いて再び挑戦すれば、状況を変えることができる。

8 今はうまくいかなくても、いずれうまくいく

うまくいかないことがつづいて、ずっと停滞したままのように感じることがあるかもしれないが、いずれ苦境を脱することができる。

道が開けるまで、前向きな気持ちを持ちつづけられるかどうかが成否を分ける。

苦しい時期に自分の強みを見つけるための30の教訓

誰もが生きている過程で、愛する人や必要な人を失う。しかし、そういう苦しい時期があるからこそ、成長してより強くなることができるのだと言える。ここでは、私たち夫婦が学んできた数々の教訓を紹介しよう。

1 未来に目を向ける

過去がどんなにつらかったとしても、未来は真っ白なキャンバスだ。過去にどんな失敗をしようと関係ないし、他人にどう思われていようと構わない。

2 今の位置から引き上げてくれるポジティブな考え方を見つける

自分を鼓舞してくれるポジティブな考え方を見つけ、それを励みにして再び前に進もう。

3 必要以上に動揺しない

病気や事故などの困難な状況でとるべき最も賢明な態度は、それによって動揺するのではなく、できるだけ平常心を保つことだ。悲劇は実際にはそれほどひどくなく、たとえそうであっても、より強く成長するための機会を与えてくれることを覚えておこう。

4 少しのあいだ泣きたいだけ泣いてもかまわない

いつも強いふりをする必要はない。すべてがうまくいっていると見せかける必要もない。泣きたいなら泣けばいい。涙を流すことは健全だ。それをするのが早ければ早いほど、笑顔を取り戻して生きていくことができる。

5 人生は意外と短く、すぐに終わるかもしれない

今日、時間を賢く使い、人生を存分に楽しもう。

すべての瞬間は贈り物だ。

過去にこだわって時間を浪費してはいけない。自分が望む方向に向かって進むために時間を有効に使おう。

6 どんな問題でも切り抜けられると確信する

問題に対する見方を変えよう。自分の力に目覚めよう。どんなに困難な問題でも、あなたはそれを乗り越えて生きていくだけの力を持っている。

7 問題を大きくしない

空全体に暗雲を広げるべきではない。うまくいかないことがあっても、太陽はいつも人生の一部を照らしてくれている。だから明るい面を見て気分を切り替え、前進をつづけよう。

8 すべての試練を「よい経験」とみなそう

「この状況は何を教えようとしているのか？」と自分に問いかけよう。人生のあらゆる状況に教訓が隠されている。

たとえば、より強くなるための教訓、うまくコミュニケーションをとるための教訓、自分の直感を信じるための教訓、愛を表現するための教訓、相手を許すための教訓、不幸な出来事を忘れるための教訓、新しいことを試すための教訓。

9 見切りをつけると新しい始まりを迎えることができる

実際に挑戦して、どうしても無理だと思ったら、見切りをつける必要がある。しかし、それは終わりではなく新しい始まりとみなすべきだ。

10 完璧な人間関係は存在しない

完璧な人間関係というのは存在しない。不完全な部分にお互いがどう対処するかが、人間関係の成否を分ける。

11 自分を大切にしなければならない

自分を大切にしないなら、他人を大切にすることもできない。

自分を大切にすることは利己主義ではない。

自分の人生を豊かにすれば、他人の人生も豊かにすることができる。社会に貢献するのは重要なことだが、自分自身が恩恵を得て初めてポジティブなエネルギーを発することができる。

12 自分の価値は自分で決めればいい

他人にどう思われようと気にする必要はない。自分は他人が思っているよりすぐれていることを、自分に対して証明すればいいだけだ。

13 恨みは相手ではなく自分を傷つける

他人を許そう。たとえ許してほしいと頼まれなくても、そうすべきだ。ただし、それは相手のためではなく自分のためである。恨みは自分の幸せを台無しにするから、その不要なストレスを今すぐに取り除こう。

14 常に希望をはぐくむ

事故や病気、心配事、挫折など、どんなにつらいことがあっても、一日に少なくと

も一回は胸に手をあてて、「希望はここからあふれ出る」と声に出して言おう。

15 自分を見つめ直す

根拠のない希望的観測を抱いて偽りの安心を得るより、厳しい現実を直視して自分を見つめ直すほうがいい。

16 ほしいものが手に入らないのはいいことかもしれない

ほしいものが手に入らないことは、ときには幸運をつかむ糸口になる。なぜなら、それによって物事の価値を検証し、見落としていたチャンスを生かすきっかけになるかもしれないからだ。

17 明日も必ず日は昇る

悲しいことに、よいことは永久につづかない。
嬉しいことに、悪いことも永久につづかない。

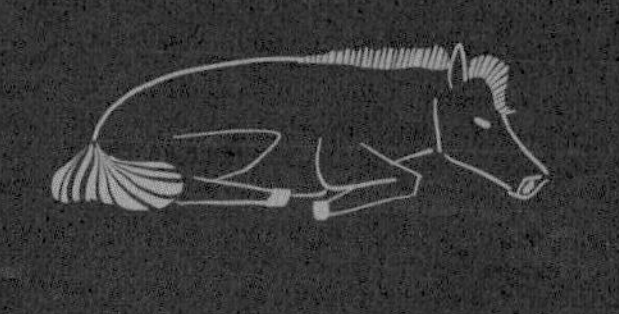

The sun always
rises the next
day.

18

笑いはストレスをやわらげる妙薬だ

どんな状況に置かれようと、その中に面白さを見つけよう。楽観主義は幸せを引き寄せる。常に笑顔になれることに目を向けつづければ、よいこととよい人が引き寄せられる。

19

心配はエネルギーの無駄づかいである

心配したからといって、明日の問題が消えるわけではない。それどころか、心配すると今日の活力が失われる。

20

あなたの競争相手は自分だけである

自分を同僚や近所の人、友人、有名人と比較していることに気づいたら、すぐにや

めよう。あなたには他の人たちにない強みがあるはずだ。少し時間をとって、それについてよく考えよう。

21 たとえ前進するのが難しくても、少しずつ進もう

つらいときは特にそうだが、たえず前進するように努めることが大切である。なぜなら、勢いが重要だからだ。前進するための勢いを保つかぎり、たとえそれがスローペースであっても、やがてゴールにたどり着くことができる。

だから、どんなにわずかであっても、今日のすべての歩みを祝福しよう。すべての歩みが、昨日いた場所から離れて、明日いたい場所に近づけてくれる。

22 別れたほうがいい相手もいる

悲しいことに、自分の利益になると判断した場合だけ近づいてくる人がいる。あなたが役に立たなくなったら、彼らはすぐに去っていく。

嬉しいことに、そういう人たちとは距離を置いて、本当に信頼できる人とだけ付き合う選択をすることもできる。

23 昨日よりも一生懸命生きる

人生がたやすいと期待しているなら、永久にがっかりすることになる。

毎朝、目が覚めたら、前の日よりもエネルギーを注いで戦う覚悟をしよう。それはけっしてたやすくないが、それをするだけの価値は十分にある。

人生で有意義なことを成し遂げるためには、正しい努力を常にする必要がある。

24 未来の自分が感謝すると思うことをする

昨日の傷を引きずりながら一日のスタートを切ってはいけない。

毎日が新しい始まりだ。毎朝目を覚ますと、残りの人生の最初の日が幕を開ける。

あなたの過去がどんなに汚点だらけでも、あなたの未来には汚点がまったくない。

過去の痛手を乗り越える最善策のひとつは、未来の自分が感謝すると思うことを選び、それに全力で取り組むことだ。

25 あなたには道を切り開く能力がある

もし自分には道を切り開く能力がないと思ったら、こんなふうに考えてみよう。

「今までかごの中に閉じ込められていた鳥は、自分には飛ぶ能力がないと思っているかもしれない。しかし、時間をかけて練習すれば飛べるようになる」と。

26 人生は相反するふたつの側面を持っている

人生では悲しみを感じずに喜びを感じることはできないし、絶望を感じずに希望を感じることもできない。つまり、苦痛や問題とは無縁の、楽しいことだけの人生を送ることはできないということだ。

27 ピンチはチャンスとみなすことができる

どんなことがあっても、常に少なくともふたつの選択肢がある。何かを変えることはできなくても、それに対するものの見方は変えることができる。ピンチは新しいことを学ぶためのチャンスとみなそう。

28 苦しい状況に陥ったら、他人に助けを求める

他人があなたを苦しい状況から救い出してくれるとはかぎらないが、助けを求めれば、少なくとも希望の灯りが見えてくるかもしれない。

29 ネガティブな問いかけをすれば、ネガティブな答えしか返ってこない

「どうして私はこんな目にあうの?」「なぜ私はそれをしなかったのだろうか?」と

いったネガティブな問いかけには、ポジティブな答えはない。

もしふだん自分に投げかけているネガティブな問いかけを他人がしてきたら、あなたはそれを許せるだろうか。たぶんそんなことはないはずだ。

だからネガティブな問いかけを自分にするのをやめて、ポジティブな問いかけをしよう。

たとえば、「私はこの経験から何を学んだか?」「状況を好転させるにはどうすればいいか?」「前進するために私は何ができるか?」などなど。

30

終わりは新しい始まりだ

「親愛なる過去へ、
与えてくれたすべての教訓に感謝したい。
親愛なる未来へ、
私はあなたを歓迎する」
そう自分に言い聞かせよう。
すべての終わりだと思った時点が、
素晴らしい門出の始まりであることに
気づくだろう。

Part
2
逆境

うまくいかない時期を乗り切る10の幸せな考え方

身の回りの世界が崩壊しつつあるように見えるときに役立つ考え方を紹介しよう。ときには周囲の人や環境に打ちのめされることもあるだろう。しかし、常に可能性を探し、一歩ずつ前に進みつづければ、以前より強くなることができる。

1 落ち込むときがあるのは正常であり、恥じる必要はない

生きているかぎり、いつも幸せな気分でいることはできない。ときには悲しみに打ちひしがれても構わない。

しかし、どんなに悲しいときでも、微笑む機会があれば心から感謝しよう。

2 最も低迷しているときこそ、最も大きな変化を起こすことができる

幸せとは、問題を抱えていないことではなく、問題に対処する強さを持っていることだ。強さとは、できないと思い込んでいたことを克服することから生まれる。

3 「見切りをつけるべきとき」を知ることが大切だ

多くの場合、見切りをつけるべきときを知らないと、うまくいかない状態が永久につづく可能性がある。見切りをつけるというのは、どうしてもうまくいかないことがあるという事実を受け入れることだ。

見切りをつけることとは、傷ついたままでいるのではなく、気持ちを切り替えて幸せになる選択をすることを意味する。

4 人生が思いどおりにいくことはめったにないが、それでも素晴らしい人生にできる機会はある

置かれている状況で全力を尽くそう。それは簡単だとはかぎらないが、するだけの価値はある。完璧な人生はない。今この瞬間にできることをすることが、人生の旅を意義深いものにする。

5 失望を感じたら気持ちを切り替えよう

人生を無条件で受け入れよう。失望を感じるのは、「よりよいものが待っている」という兆しである。だからもう少し辛抱し、現状を受け入れ、未来に希望を持とう。

6 ものの見方は選べる

自分は不幸だと感じることについて、違うものの見方をしよう。雨が降ったら「植

物が育つために必要だ」と解釈するのと同じように、逆境に見舞われても将来の成長のためだと思えばいい。たとえば、孤独を感じる場合、自分の心の声を聞くために必要な時期だと考えよう。

7 欠点があっても、それをうまく活用すればいい

どんなにたくさんの欠点があっても、それらの欠点をうまく活用すれば、社会の役に立つことができる。

8 誰もが自分を癒やす能力を持っている

苦痛や怒りを感じたとき、「健全なはけ口」を確保することが必要である。傷ついたら時間をとって、それについてよく考え、冷静に対処しよう。傷がうずかないようにしなければならない。

9 過去の苦難は自分を強くする

人生の本当の悲劇は死ぬことではなく、生きる情熱を失ってしまうことだ。過去の苦難があなたを破滅させたり打ちのめしたりすることはない。前に進みつづけるかぎり、過去の苦難はあなたを強くしてくれる。

10 今日は新しい始まりだ

自分を元気づけよう。周囲の人をほめよう。自分が信じるアイデアを実行に移そう。今日は新しい始まりである。ネガティブな姿勢をポジティブな姿勢に転換しよう。あなたはこれらのことを毎日する機会に恵まれている。だから今日それらのことをすると決意しよう。

Decide that today
is the day.

逆境に関する質問

◎ 自分の幸せを阻んでいるものは？

◎ 今この瞬間に直面している最大の試練は？

◎ おかげでより強くなったと思える過去の悪い出来事とは？

◎ 自分よりもっとつらい状況に置かれている人がいることに気づいている？

◎ 解き放つべきものにしがみついていないか？

◎ 5年前に気分を害した出来事は、今でも重要だろうか？

◎ もし平均寿命が40歳なら、どのように生きる？

◎ あなたにとって、苦しむだけの価値のあることとは？

◎ 自分の人生で足りないものは？

Part 3

人間関係

すべての出会いには目的がある。
ある人はあなたに試練を与え、
またある人はあなたを利用し、
またある人は
あなたに教訓を与える。

しかし、最も重要なのは、
あなたの一番いいところを
引き出してくれる人もいる
ということだ。

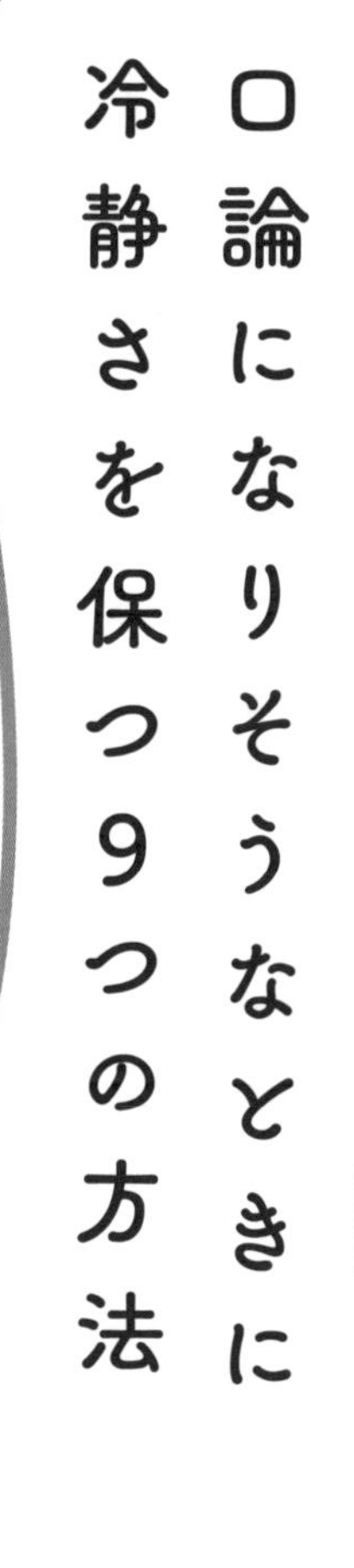

口論になりそうなときに冷静さを保つ9つの方法

他人の行動はコントロールできないが、自分の対応の仕方はコントロールできる。それは完全にあなた次第だ。

次の9つのことを実行してみよう。

1 深呼吸する

相手と口論になりそうになったら、深呼吸をして心に少し余裕を持とう。たいていの場合、それで十分だ。

2 お互いの意見の違いを尊重する

ときには見解の相違を認め合ったほうがいい。完全に意見が一致しなくても、その人との関係を発展させることは十分に可能だ。そんなに重要でないことについては中立を保つか、相手に敬意を示しながら反論すれば、お互いに冷静さを保って仲よくやっていくことができる。

3 共感することの意味を知って実行する

共感するというのは、苦しみを分かち合うことである。相手の立場に立てば、余計なプレッシャーを与えずに温かく見守ることができる。相手がどんな思いで生きているかを、他人が正確に計り知ることはできない。相手がストレスで苦しんでいるときは、過度な要求を控えて支援することを心がけよう。

4 「自分だってそうだ」と考えて寛容の精神を発揮する

誰もがときには取り乱して腹を立てる。そんなときは「どんな人でも似たようなものだ」と自分に言い聞かせよう。

相手を批判していることに気づいたら、「自分だってそうだ」と反省しよう。たとえば、「あの人は愚痴っぽいが、自分だってそうだ」「彼女は無礼な振る舞いをしているが、自分だってそうだ」というように、寛容の精神を発揮して他人を温かい目で見よう。

5 他人の言動を自分への個人攻撃とみなさない

あらゆることを個人攻撃と受け止めると、生涯にわたって腹を立てることになる。しかし、その必要はない。たとえ個人攻撃のように見えても、たいていの場合、それはあなたの問題ではなく、相手の問題だからだ。

あなたは他人の言動をすべてコントロールすることはできないが、他人の言動によって取り乱さないようにすることはできる。今日、その決意をしよう。何を言われても冷静さを保とう。それがあなたの最大の力になる。

6 相手に反撃したくなったら沈黙を選ぶ

反撃したくなったとき、あとで悔やむようなことを言ってはいけない。深呼吸をして気分を落ち着けよう。一瞬の沈黙が後悔を未然に防ぐことができる。

7 朝の儀式で最高のスタートを切る

朝起きたら慌てて支度をするのではなく、深呼吸し、ストレッチをして、瞑想しよう。

こんなふうにゆったりとした気持ちで一日をスタートさせれば、周囲で何が起きても、落ち着いて過ごすことができる。

8 イライラを解消する健全な対策をする

口論になるのを避けようとするとき、それなりにストレスがたまる。ストレスがたまる状況に直面すると、多くの人は酒やたばこ、ジャンクフードといった不健康な選択をして自分を落ち着かせようとする。つまり、安易な解決策に頼って不健康な気晴らしをしがちだ。

自分がふだんどのようにストレスに対処しているかを検証してみよう。悪い習慣に陥りがちなら、よい習慣を身につけよう。

たとえば、自然の中を散歩する、お茶を飲みながら静かに過ごす、癒やしの音楽を聴く、日記をつける、気の合う友人と雑談をする、などなど。

健全な習慣で対処すれば、幸せな気分にひたることができる。

9 うまくいっていることを思い浮かべ、それをさらに増やす

日々の生活の中でうまくいっている小さなことを振り返って祝おう。

感謝すべき3つの小さな出来事を思い浮かべよう。

自分のポジティブな気持ちを周囲の人に伝えるために、相手を思いやり、やさしく話しかけ、温かい手を差し伸べよう。

あなたの親切な言動は大きな力を秘めている。相手に感謝されることをし、世の中を少しでもよりよい場所にするために精いっぱい頑張ろう。

他人に対してやめるべき18の心得

ネガティブな姿勢は人間関係を台無しにする。人間関係を発展させたいなら、次の心得を実行しよう。

1 誤解を招くような言動をやめる

相手はあなたの心の中を正確に読むことができない。だから頻繁かつ明確にコミュニケーションをとる必要がある。

2 自己中心的な考え方をやめる

世の中はあなたを中心に回っているのではない。
この事実を日ごろから自分に言い聞かせよう。

3 責任転嫁し、自ら問題を解決することを放棄するのをやめる

自分の苦しみを他人のせいにすると、責任逃れをしていることになる。

自分の人生をコントロールする力を放棄するばかりか、それによって周囲のすべての人に迷惑をかけてしまう。

4 自分を疑うのをやめる

自分を信じられなければ、他人を信じることも難しくなり、ひいては他人の夢を破壊するような言動をしてしまうおそれがある。他人をできるだけ支援しよう。少なくとも他人の邪魔をしてはいけない。

5 不平を言うのをやめる

不平を言いそうになったら、建設的な解決策を考えて実行しよう。

6 ウソをつくのをやめる

長い目で見ると、ウソは必ずばれる。ふだんから自分の言動に気をつけよう。

7 相手の話の腰を折るのをやめる

相手の認識が明らかに間違っている場合はやむを得ないとしても、相手の話にいちいち異議を唱えるのは非常に失礼である。

8 してもらうことだけを考えるのをやめる

人間関係では、相手に与えたものが自分に返ってくる。それ以上でも、それ以下でもない。

9 他人を批判するのをやめる

誰もが苦しみを抱えて生きている。他人にあなたの苦しみがわからないように、あなたも他人の苦しみがわからない。だから他人をむやみに批判するのは慎むべきだ。

10 他人の陰口を言うのをやめる

他人の陰口を言うと常に双方が損をする。それは相手を傷つけるだけでなく、自分の評判を貶めることにもなるからだ。

11 守れない約束をするのをやめる

守れない約束をするのではなく、約束した以上のことをしよう。

12 自分の考え方に固執するのをやめる

他人と考え方が違うからといって、どちらかが間違っているわけではない。世の中にはいろんな考え方がある。心を開いて新しい考え方を発見しよう。

13 自分と他人を比較するのをやめる

人はみな違っている。誰もが独自の強みを持つ貴重な存在だ。私たちは自分を他人と比較するのではなく、自分とだけ競争すればいい。

14 他人に完璧を求めるのをやめる

この世の中に完璧な人など一人もいない。他人に完璧を求めると、その人の悪い部分だけが見えてくる。完璧主義に陥って相手のよいところを見落としてはいけない。

15 すべての人を満足させようとするのをやめる

あなたや他の人たちが、たった一人を笑顔にさせるだけで世界は変わる。

16 不正を働くのをやめる

正しいと心の中で思えることをしよう。不正を働いてごまかせるからといって、それをしてもいいということにはならない。

17 ささいなミスを大げさにとらえるのをやめる

人はみなミスを犯す。だからそのために取り乱して自分と周囲の人にストレスを与えてはいけない。「このミスは1年後も大問題だろうか？」と自分に聞いてみよう。そんなことはないと判断したら、さっさと忘れたほうがいい。

18 他人にアドバイスするのをやめる

誰もがアドバイスをする人ではなく、自分の話をじっくり聞いて励ましてくれる人

を必要としている。

あなたも相手も心の中ですでに答えを知っている。ただ、道を模索する時間が必要なだけだ。

人間関係で実行すべき18のヒント

あなたにとって本当に大切な人たちは、家族や親戚だけとはかぎらない。あなたを大切にしてくれる人や、ありのままのあなたを歓迎してくれる人など、そんな人たちこそ、大切にすべきだ。

そういう特別な人間関係を見つけてはぐくむためのヒントを紹介しよう。

1 価値観を共にできる人たちとの関係を大切にする

人間関係は自分にとってプラスにならないと意味がない。自分が理想とする価値観を体現している人と一緒に過ごそう。誇りに思える人、尊敬できる人、自分を愛してくれる人と付き合おう。その人たちはあなたの人生を豊かにしてくれる。

2 去っていった人たちを追いかけない

真の友人や恋人を失うことはめったにない。

ただし、誰が真の友人や恋人であるかをよく見きわめる必要がある。相手があなたのもとを去っていくなら、追いかけてはいけない。あなたは去っていく人たちとはもう縁がないのだ。だからといって、その人たちが悪人だというわけではない。単にあなたの人生で、その人たちの役割が終わっただけである。

3 新しい人間関係を構築する

うまくいかなくなった古い人間関係を断ち切り、新しい人間関係の可能性を追求しよう。自分を成長させ、いい意味で人生を変えてくれるかもしれない人との出会いに備えよう。

4 すべての人に親切に接する

年齢や性別、立場などと関係なく、すべての人に同等の敬意を持って接しよう。そうすれば、相手はあなたの親切な人柄を感じ取って幸せになり、その人の人生も好転していく。

5 相手をあるがままに受け入れる

たいていの場合、相手を変えるのは不可能であり、それを試みるのは失礼ですらある。だからそういう無駄な努力をして不要なストレスをため込むのは避けたほうがいい。相手を変えようとするのではなく、あるがままに受け入れよう。

6 相手を励まして支援する

周囲の人に感謝することは、平和で生産的で充実した雰囲気をつくり出す。彼らがもたらしてくれる恩恵に対して感謝の言葉を述べよう。自分が発した言葉はいずれ自分に返ってくる。だから、あなたが支援する人たちは、遅かれ早かれあなたを支援してくれるはずだ。

7 自分は不完全でもいいと自信を持つ

私たちは完璧な人間ではない。しかし、あるがままの自分を愛してくれているわずかな人たちにとっては、今の自分は完璧であると言える。そして、その人たちにとっては、自分の不完全な部分は愛すべき点なのだ。

8 相手を許して前に進む

相手を許したからといって、「あなたが私にしたことは素晴らしい」と言っているわけではない。「私はあなたのためにいつまでも自分の幸せを台無しにするつもりはない」と言っているだけである。

許すことは究極の解決策だ。ただし、相手を許すというのは、過去を帳消しにしたり、起きたことを忘れたりするという意味ではない。怒りや苦しみを解き放ち、その出来事から学んで前進するという意味である。

9 毎日、わずかな人のために小さな親切をする

すべての人を満足させることはできないが、自分が選んだわずかな人を満足させることはできる。それが誰かを決め、その人たちに小さな親切をしよう。

10 真の友人は誰かを見きわめる

真の友人はあなたが困ったときに力を貸してくれる。真の友人はあるがままのあなたを受け入れ、成長を促してくれる。

11 常に忠実である

人間関係では、相手を裏切らず、常に忠実であることが絶対条件だ。

12 大切な人とたえず連絡を取り合う

大切な人とはたえず連絡を取り合おう。それは好都合だからではなく、それだけの努力をする価値があるからだ。必要なのは多くの友人ではなく、信頼できる友人である。その人たちとの連絡を優先事項にしよう。

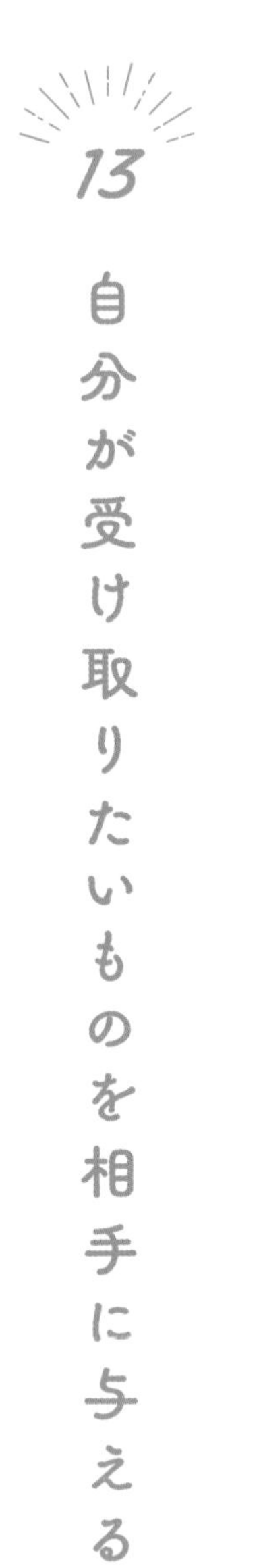

13 自分が受け取りたいものを相手に与える

自分が与えようとしないものを
相手から受け取ろうとしてはいけない。
人間関係の鉄則を実践しよう。
愛を受け取りたいなら、愛を与えよう。
友人を得たいなら、友好的になろう。
お金がほしいなら、それに見合う価値を提供しよう。

14 コミュニケーションをしっかりとる

家族、友人、同僚、顧客など、誰が相手であれ、ほとんどの問題はコミュニケーションがしっかりとれていないことから生じる。

15 相手の決定を尊重する

ある人にとって興味のないことでも、他の人たちにとっては人生を変えるチャンスになるかもしれない。だから重要なことについては自分の価値観を押しつけず、相手の決定を尊重しよう。

16 自分が話すのを控えて、もっと聞く

相手に無理やり話を聞かせようとしてはいけない。たいていの場合、相手が必要と

していのるのは、自分の話を聞いてもらうことなのだ。

17 無礼で非建設的な意見は無視する

あなたが何をしようと、違う意見の持ち主は必ずいる。だから自分の心の中で正しいと思っていることをするようにしたほうがいい。他の人たちが何を思い、何を言うかはそんなに重要ではない。重要なのは、自分がどう思うかだ。

18 自分との関係を大切にする

人生で最も苦痛をもたらすことのひとつは、他人を気づかうあまり、自分も同じように特別な存在であることを忘れてしまうことだ。

本当の友人だけが実行する14のこと

私たちは成長するにつれて、友人をたくさん持つより、本当の友人をわずかでも持つことのほうが大切だと気づく。

人生はパーティーのようなものだ。多くの人を招待すると、ある人はさっさと帰るし、他の人は一緒に笑ってくれる。しかし、最後まで残って部屋の後片づけを手伝ってくれる人はわずかしかいない。

そういう人こそ本当の友人なのだ。本当の友人だけが実行することを紹介しよう。

1 一緒に問題に立ち向かってくれる

本当の友人はあなたの苦しみを理解してくれる。

自分の問題をすべて解決してくれる人を探すのではなく、一緒に問題に立ち向かってくれる人を探そう。

2 心から気づかい、できるかぎり与えてくれる

人間関係で最大の試練のひとつは、何かを得ようとして近づいてくる人があまりにも多いという事実である。

しかし、人間関係が長続きしてお互いに喜びを得る唯一の方法は、相手から何かを得るのではなく、相手に何かを与えることだ。

もちろん相手から何かを得るのは構わないが、双方がお互いに与え合うのが理想である。そうすることによって初めて「ギブアンドテイク」の関係が成り立つ。

3 お互いのために時間をつくる

これは自明のことだが、しっかりとコミュニケーションをとらないなら、どんな人間関係もうまくいかなくなる。実際、コミュニケーションの最大の問題は、コミュニケーションがとれているという幻想を抱くことだ。

4 お互いに自由を与える

健全な人間関係の特徴は、部屋にたとえると、ドアと窓が開いていることである。もし相手があなたの人生にかかわるべき人なら、ドアと窓を全開にしても、その人は立ち去らないはずだ。十分に空気が流通しているから、誰も息苦しさを感じない。人間関係はこういう環境でのみ発展する。

5 心を開いて率直に思いを伝え合う

これは何度も繰り返し言われてきたことだが、紛れもない真実だ。相手に不満を抱いているなら、その不満を大きくするのではなく、じっくり話し合って不満を解消すべきだ。嫉妬を感じるなら、心を開いて正直にコミュニケーションをとる必要がある。相手に期待しているなら、その思いを伝えよう。なんらかの問題を抱えているなら、しっかり時間をかけて、言葉にして伝え合い、解決しよう。問題についてだけ話し合うのではなく、よいことについても話し合おう。

6 お互いをありのまま受け入れる

人はありのままの自分を受け入れてもらっていないことがわかると傷つく。本当の友人は、あなたのことをよく知り、それでいてあなたを愛してくれている。相手に愛されようとして無理に自分を変えようとする必要はない。ありのままでいても、愛してくれる人がやがて現れる。もし相手の何かを変えたいと感じたら、それを変えようとするのではなく、自分がどんな変化を起こせるかを考えてみよう。

7 偽りがない

相手を利用しようとたくらんではいけない。愛情や友情は、相手を傷つけることと正反対だ。

常に正直であることを心がけ、ウソや偽りのない接し方をしよう。

8 適当なところで妥協する

本当の友人は適当なところで妥協する。意見が合わないときは、相手を屈服させるのではなく、双方にとってうまくいく解決策を模索しよう。

9 お互いの成長を応援する

私たちのニーズは時間とともに変化する。誰かから「あなたは変わったね」と言われたら、それは必ずしも悪いことではない。たいていの場合、それはあなたが成長したという証しなのだ。

だからそれを申し訳なく思う必要はない。自分の気持ちを素直に表現し、心の中で正しいと思っていることをすればいい。

10 余計な負担をかけない

自分ですべきことやできることを相手にやらせて、余計な負担をかけてはいけない。

11 相手の言葉に真剣に耳を傾ける

相手の言葉を一言も聞き漏らさないという態度をとると、信頼が劇的に深まる。

12 お互いに信頼している

相手を信じ、それを言葉と行動で示すと、相手の人生に大きなプラスになる。崩壊した家庭で育ったが結婚して幸せに暮らしている人たちについての研究によると、その人たちの共通点は自分を信じてくれる人がいることだ。大切な人を信じ、それを言葉と行動で示そう。

相手の夢と情熱と趣味を積極的に支援しよう。たえず励まそう。相手が夢を実現するかどうかにかかわらず、あなたの信頼は相手にとって大きな意味を持つ。

13 どんなときも寄り添う

悲しいことに、自分にとって都合がいいときだけ寄り添って、役に立たなくなったら見捨てる人が少なからずいる。

しかし嬉しいことに、いったん困難を乗り切ったら、そういう人たちとは縁を切り、本当に信頼できる素晴らしい人たちとだけ付き合えばいい。

14

お互いを頻繁にほめ合う

毎日、あなたは愛情や感謝を示すための何気ない言動によって相手との関係を深める機会に恵まれている。

自分が話す機会を待つのではなく、心を込めて相手の話に耳を傾けよう。

初対面の人と接するのと同じように礼儀正しく接しよう。

相手の素晴らしい点に気づいて、それを具体的に指摘しよう。

Show your
appreciation and
affection.

よい人間関係をつづかせる9つの真実

私たちは往々にして人間関係をより複雑なものにしている。人間関係を円満に維持するための真実を紹介しよう。

1 円満な人間関係には努力が必要だ

円満な人間関係は偶然の産物ではなく、お互いの努力を必要とする。

2 たいていの場合、与えたものを得ることになる

すでに伝えたように、愛がほしいなら、愛を与えよう。理解してほしいなら、相手を理解しよう。単純なようだが、このやり方は効果抜群だ。

3 無理やり相手の生活の中に入り込もうとする必要はない

もし相手があなたの価値に気づいているなら、あなたが無理をしなくても相手は快く迎え入れてくれるはずだ。

4 すべての出会いには目的と教訓がある

ある人はあなたに試練を与え、またある人はあなたを利用し、またある人はあなたに教訓を与える。しかし、最も大切なのは、ある人はあなたの一番いい部分を引き出してくれるということだ。自分が出会う人たちの違いを見きわめ、それぞれのタイプに合った対応をしよう。

5 人はみな変わるが、それでいい

健全な人間関係は常に成長する。本当の友人やパートナーと健全な人間関係を築けば、その人はあなたの一番いい部分を見つけてくれるから、双方が最高の自分へと成長を遂げることができる。

6 自分の幸せは自分で生み出さなければならない

自分との関係がうまくいっていないなら、他人との関係がうまくいくと期待してはいけない。他人があなたを幸せにすることはできない。

幸せは自分で手に入れるべきものだ。他人と幸せを共有する前に、まず自分の幸せをつくり出さなければならない。もしそれが相手の責任だと思うなら、自分の内面を見つめ、何が欠けているかを感じ取ろう。

7 他人を許すと自分を癒やすことができる

他人を許すことが大切なのは、相手が許すだけの価値がある人だからではなく、あなたが心の平和を得る価値がある人だからだ。いつまでも被害者でいることの重荷から自分を解き放とう。自分を傷つけた人たちを許すと、彼らの精神的支配から逃れることができる。

8 口論は時間の無駄

自分を傷つけた人と口論する時間を減らせば、自分を愛してくれている人と語り合う時間を増やすことができる。自分を愛してくれている人と口論していることに気づいたら、怒りをぶちまけてはいけない。しばらく時間をとり、気持ちが落ち着いたら問題について冷静に話し合おう。

9 自分をないがしろにする人とは縁を切ったほうがいい

もし他人のせいで生活に支障をきたしたら、環境を変えるべきときかもしれない。もし誰かがいつもあなたをぞんざいに扱うなら、自分を大切にするためにその人と縁を切ろう。長い目で見ると、そのほうがあなたにとってずっといい。

うまくいっていないときにわかる人間関係の12の真実

1 うまくいっていないときに一部の人は去っていく

あなたがうまくいっているとき、いろんな人が寄ってくる。あなたがうまくいっていないとき、一部の人は去っていき、本当の友人だけが残る。うまくいっているときはちやほやしてくれる人がたくさん現れるが、うまくいっていないときにあなたを見捨てずに寄り添ってくれる人が、本当の友人である。

2 世間は見せかけだけの人であふれている

世の中は、あなたの最大の利益を考えてくれる人ばかりではない。実際、人生で何度かだまされたり裏切られたりしなければ、本当の友人やソウルメイトと出会うことはできないのかもしれない。

3 言葉だけならいくらでも取り繕うことができる

本当に愛しているなら、言葉にする必要はない。接し方ですぐにわかるからだ。「行動は言葉よりはるかに雄弁だ」という格言を思い出そう。行動が伴わないなら、いくら口先で「愛している」と言っても、そういう不誠実な言葉は聞く価値がない。

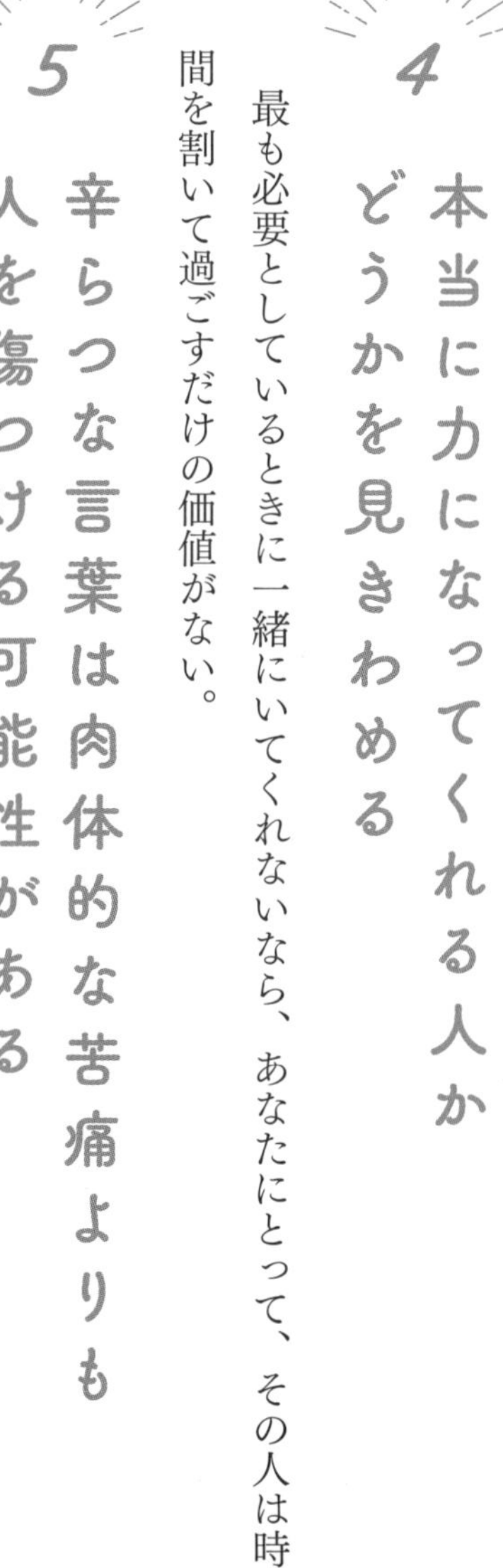

4 本当に力になってくれる人かどうかを見きわめる

最も必要としているときに一緒にいてくれないなら、あなたにとって、その人は時間を割いて過ごすだけの価値がない。

5 辛らつな言葉は肉体的な苦痛よりも人を傷つける可能性がある

言葉を発する前に、じっくり考えよう。言葉は思っている以上に相手を深く傷つける。そして、他人について言っていることは、あなたの人間性を如実に表している。

6 裏切りとウソは偶然ではない

裏切るのとウソをつくのは、偶然ではなく意図的である。だから「たまたまそうなっただけだ」と言い訳をしてはいけない。

7 相手がひどい対応をしてきたら、立ち去るのがベスト

ひどい対応をする人がいたら、それを自分への個人攻撃と受け止める必要はない。おそらくあなたに問題はなく、単にその人の人間性があらわになっているだけだ。だから、相手のレベルにまで自分の身を落としてやり返してはいけない。自分は相手より善良な人間であることに誇りを持ち、黙ってその場を立ち去ろう。

8 人生で最も難しいことのひとつは、特定の人との関係を断ち切ることだ

ただし、これだけは覚えておこう。どんな人間関係も時間の無駄ではない。なぜなら、うまくいかない人間関係は、うまくいく人間関係を築くための教訓を与えてくれるからだ。

9 他人の苦しみを思いやる

あなたが出会うすべての人は過去につらい思いをしたことがあるか、現時点でつらい思いをしているか、どちらかだ。だからその人たちを厳しく裁くのではなく温かく接しよう。時間が許すかぎり、苦労話を聞いてあげよう。

10 ネガティブな人たちと距離を置くと、素晴らしいことが起きる

ネガティブな人たちと距離を置いたからといって、相手を裏切っているわけではない。単に自分を大切にしているだけだ。

11 自分の理想を相手に押しつけない

真実の愛は、お互いに心を開いて相手をあるがままに受け入れるときに生まれる。

12 どんなに大切な人との関係も永遠にはつづかない

愛している人を失わずに生涯を終える人はいない。自分を愛してくれている人や気づかってくれている人に感謝しよう。皮肉なことに、その人たちがいなくなるときまで、私たちはそのありがたさを十分に理解できていない。

また、永遠につづかないからといって、それまでの時間が無駄だというわけではない。

PANAMA

相手と縁を切るべき8つのサイン

1 相手に「私を愛してほしい」と要求してしまう

現実を直視しよう。相手を無理やり振り向かせることはできない。

相手が去っていきたいと思っているのに、「ずっと一緒にいてほしい」とせがむべきではない。愛とは、相手の自由を尊重することにほかならないからだ。

とはいえ、愛の終わりが人生の終わりではない。愛が終わるのは、それなりの理由があり、そこには必ず教訓が隠されている。自分にぴったり合う人が見つかるまでには時間がかかるかもしれないが、待つだけの価値はある。

2 相手があなたの容姿にだけ魅力を感じている

あなたの容姿にだけ惹きつけられている人は、いつまでも寄り添ってくれないだろう。一方、あなたの心の美しさに惹きつけられる人は、いつまでも一緒にいてくれる。

3 相手がたえずあなたの信頼を裏切る

ときには傷つけられることもあるかもしれないが、究極的に愛は信頼関係に根ざしている。いずれ、誰がうわべだけで、誰が本物かがはっきりとわかるに違いない。

4 相手はあなたのことをどうでもいいと思っている

あなたを必要としている人は、あなたに配慮をするはずである。あなたがどんなに相手を気づかっていても、相手があなたのことをどうでもいいと思っているなら、その事実を受け入れなければならない。それはつらいことだと感じるかもしれないが、そんなことはない。むしろ、「もっと早く気がつけばよかった」と思うはずだ。

5 言いたいことを言わせてもらえない

ときには口論が相手との関係を救うこともある。黙っていると相手との関係が崩れるかもしれない。後悔しないように自分の心の内を明かそう。人生は相手を幸せにするためではなく、自分の幸せを相手と分かち合うためにある。

6 たびたび自分の幸せを犠牲にさせられる

相手だけが得をする関係では、あなたは不幸になる一方だ。たえず自分の幸せを犠牲にさせられ、自尊心が台無しになるような関係を保つより、自分の尊厳を大切にして一人でいるほうがいい。

7 自分の置かれている現状に大きな不満を感じる

不満を感じる現在の関係を維持するより、新しい人と満足のいく関係を築いたほうがいい。

8 昔をなつかしみ、過去に生きている自分に気づく

あなたはやがて心の痛みから立ち直り、泣いている理由を忘れるだろう。そして、幸せの秘訣は復讐することではなく、苦い経験から学んで自分を過去から解き放ち、新しい関係の可能性に心を開いて貴重な経験をすることだと気づくはずだ。

愛にあふれた一日のスタートを切るための19の心がけ

1

素晴らしい光景とは、そばにいる人が微笑んでいるのを見ることだ。そして、さらに素晴らしいのは、その人が微笑んでいる理由が自分であることに気づくことだ。

2

もし誰かを幸せにする力を持っているなら、今日、その力を発揮しよう。世の中はそれを必要としている。

3

多くの人は自分の周りに壁をつくるばかりで橋をつくろうとしない。心を閉ざすのではなく、心を開いて人と接してみよう。

4

周囲の人のために小さな親切をしよう。ときにはその小さな親切が相手の心の中で大きな意味を持つ。

5

微笑みかけること、やさしい言葉をかけること、話に耳を傾けること、心を込めてほめることは、相手の人生を好転させる力を秘めている。しかし、私たちはその力を過小評価していることがあまりにも多い。

6

思いやりを持ち、励ましながら、相手の弱みではなく強みを引き出そう。これが人間関係を長続きさせる方法だ。

7

私たちはいつもアドバイスを必要としているわけではない。話を聞いて理解してもらえるだけで、ときには十分だ。

8

今日、全身全霊を傾けて、相手と心を通わせよう。

自分の力だけで何かを成し遂げることはできない。必ず誰かがあなたを信じ、励まし、力を貸し、祈ってくれたはずである。あなたも周囲の人のためにそういう人になろう。

よく知らない相手を愛することは事実上不可能である。

11

人間関係では、お互いの距離は物理的な距離ではなく愛情によって測られる。物理的には遠く離れていても、身近に感じられることもよくある。

12

コミュニケーションにおける最大の問題は、コミュニケーションが成立しているという幻想である。

たいていの場合、私たちが相手の話を聞いているのは、理解するためではなく応答するためだ。

しかし、単に応答するだけではなく、相手の言葉の背後にあるものを理解するために努めよう。

すべての人に敬意を持って接することを心がけよう。どんなに相手が無礼な人でも、礼儀を忘れてはいけない。なぜなら、あなたは礼儀正しい人だからだ。また、やっかいな人には感謝しよう。自分はそうなってはいけないということを教えてくれているのだから。

自分の正しさを押し通すより相手にやさしくしたほうがいいこともある。

15

一般に、人間は幸せなとき他人に親切に振る舞うものだ。ということは、あまり親切にしてくれない人は、厳しい状況に置かれていることがわかる。これは悲しいことだが真実である。

16

相手に期待しているものが得られないとき、あなたの人格があらわになる。そんなとき、あなたは腹を立てるか冷静さを保つか、どちらだろうか。

17

愛と共感と親切心があれば、自分が理解できない人にもやさしく接することができる。

18

できるかぎりやさしくなろう。相手に対してしたことは自分に返ってくる。相手を貶めて立派になった人はいない。

最高の人間関係の特徴は、素晴らしい時間を共有することだけでなく、力を合わせて障害を乗り越え、最終的に「ありがとう」と言い合えることだ。

無礼な人と接するときの2つの方策

「無礼な人」とは、怒鳴り散らし、暴言を吐き、相手の話をさえぎり、いやなことについて話す人のことである。

こういう人は一般常識を逸脱しているだけに、その言動は非常に腹立たしい。

では、どうすればいいか？

万能の解決策はないが、２つの方策をおすすめしたい。

1 どっしりかまえて、より大きく考える

ほしいものが手に入らずにごねている2歳児を想像しよう。はた目にはささいな問

題なのだが、本人の小さな心の中では大きな位置を占めている。なぜなら、幼児は広い視野で物事を見ることができないからだ。

一方、私たちは分別のある大人として振る舞うべきだ。ほしいものが手に入らなくても気分よく過ごすためにできることはいくらでもある。たしかにそれを言うだけなら簡単だ。誰だって思いどおりにいかないとイライラし、怒りを爆発させたくなるものだ。だが、それでは2歳児となんら変わらない。

より大きく考えるなら、ささいな問題は労力を割く価値がないので、腹を立てる必要がないことが理解できるはずだ。大らかな気持ちでどっしり構えて、広い視野で物事を見よう。

2 心の中で相手をハグし、相手の幸せを願う

このちょっとしたトリックは、無礼な人に対する見方を一変させる力を持っている。たとえば相手がいやなことを言ったとしよう。おそらく私たちは「なんて失礼な人だ！　自分を何様だと思っているのだろう！　相手の気持ちをまったく配慮してい

ないのか！」と憤るだろう。

しかし、こんなふうに腹を立てているとき、私たち自身が相手の気持ちにまったく配慮していない。なぜなら、相手は心の中で苦しんでいるかもしれないからだ。

このことを肝に銘じれば、私たちは相手に共感し、相手の振る舞いが心の中の苦しみに起因していることに思いをはせることができる。相手が不快な言動をするのは、その人が経験している苦しみのなせるわざなのだ。

私たちは心の中で相手をハグし、この気の毒な人に対して思いやりを持つことができる。誰もがときには苦しみを経験するという点で似通っているのだ。実際、私たち自身がときにはハグと思いやりと少しの愛情を必要としている。

もし誰かの言動のせいで腹が立ったら、以上の2つの方策のどちらかを試してみよう。そうすれば他人の振る舞いのせいで腹を立てる必要がないことに気づき、心を落ち着けて微笑むことができる。

人間関係に関する質問

◎あなたは、誰かの友人としてふさわしい人物か？

◎他人が一緒にいたがるような人になるために、今日、あなたは何ができる？

◎あなたが友人に求める3つの最大の資質とは？

◎あなたは友人や家族からどういう人物だと思われている？

◎もしすべての知人が明日死ぬとしたら、今日、あなたは誰に会いに行く？

Part 4

自分を大切にする

あなたは他のすべての人と同じように、大切にされる価値のある人間だ。このことをけっして忘れてはいけない。

You are more than that one broken piece of you.

自分を見る目が変わる10の真実

あなたは毎日のように心の中でなんらかのストーリーを繰り返している。

それはあなたが主役を演じる心の中の映画で、たぶん不安になるようなストーリーであるに違いない。

しかし、それは真実のストーリーではない。

だからいつでも書き直すことができる。その準備はできているだろうか。

では、次の真実を自分に言い聞かせよう。

1 過去にどんな経験をしようと、この瞬間から新しい自分になることができる

新しい自分になることを決めるのは、自分次第だ。

2 欠点があっても、あなたは価値のある存在だ

人はみな心の中で自分についてのイメージを持っている。そして、そのイメージがなんらかの原因で少しでも崩れると、私たちはそれを敗北とみなし、自分は無価値な存在だと思い込む傾向がある。だが、それは好ましい態度ではない。欠点があっても自分は価値のある存在だということを理解すれば、簡単に心が折れなくなる。

3 あなたに対する他人の意見はたいてい正確ではない

他人はあなたの心情を的確にくみ取ることができない。なぜなら、他人はあなたの

人生をじかに体験していないからだ。したがって、他人にどう言われようと気にする必要はない。他人には好きなように言わせておけばいいと思えるようになれば、大きな自由が手に入る。何を言われてもいいという気持ちになれば、精神的重圧がなくなって心が楽になる。

4 あなたは自分の価値を認め、信じる必要がある

自分の価値を他人の中に見いだすことはけっしてできない。自分の価値は自分の中にしか見いだせないからだ。もし自分は価値のある存在だと確信できれば、自分の価値にふさわしい人たちを引き寄せることができる。

今日、自分の価値を認めて受け入れよう。他人があなたの価値を認めてくれるまで待つ必要はない。

5 自己肯定感が低くなっているときこそ、自分にやさしくすべきだ

そういうときに自分にやさしくすることは大きな意味を持つ。いつも心の中で自分にどういうことを言っているかが、人生を決定する最大の要因になる。

6 ときには時間をかけることも必要だ

あなたは、今のあなたにとって必要な状況に置かれている。遅れていると思い込んで自分を責めてはいけない。人はみな自分の置かれている状況を克服するために一定の時間を必要としているのだ。

7 あなたはここまでやってくることができた

今日、人生に感謝しよう。よりよい日を待って、今この瞬間を無駄にしてはいけな

い。あなたはここまでやってくることができた。
しかも、まだ成長している。学んだ教訓を大切にしよう。自分の強さを正当に評価し、誇りを持って前進をつづけよう。

8 ときにはうまくいかなくてもいい

ときにはうまくいかなくてもいいと思えれば、心の重荷が少し軽くなる。

9 自分の状況をよく把握するために休憩をとる

あなたにとって一日の中ですべき最も重要なことは、深呼吸しながら少し休憩をとることだ。厳しい現実に直面してもストレスを感じにくくなるだろう。

10 あなたはまだ成長途上だ

ずっと同じような状況で、一向に進歩していないように感じることがあるかもしれない。実際、誰もがときにはそう感じるものである。逆境に見舞われているときは特にそうだ。

しかし、あきらめてはいけない。少しずつでいいから前進をつづけよう。一向に進歩していないのではなく、徐々に進歩しているはずである。

なぜなら、あなたはまだ成長途上だからだ。それをしっかりと認識し、これまで着実に進歩を遂げてきたことを祝おう。

自分に対して言うのをやめるべき12のウソ

最悪のウソとは、私たちが自分に対して無意識に言っているウソである。

そして、それは外部からの悪影響と、自分自身のマイナス思考によって心の中に刷り込まれてきた。

そこで、自分に対して心の中でよく言っているウソを排除する必要がある。自分に対して言うのをやめるべきウソの具体例を紹介しよう。

1 「幸せになるためのものをまだ十分に持っていない」というウソ

幸せな人は幸運に恵まれたわけではなく、すべてのものを持っているわけでもない。自分が置かれている状況を最大限に生かしているだけである。

あまりにも多くの人が幸せになるのをあきらめる理由は、自分が持っていないものを見て、まだ足りていないと思い込んでしまうからだ。彼らは自分が持っているものを見て、ここまでやってくることができて幸せだとは考えない。

2 「夢を実現できそうにない」というウソ

あなたにできる最善策は、自分の心の声に従うことだ。リスクをとって行動を起こすことによって信念を実行に移そう。毎日、未来の自分が感謝したくなることをしよう。

3 「いやな相手と別れることができない」というウソ

あなたをいつも傷つける人とはきっぱりと別れるべきだ。あなたは自分を大切にしなければならない。別れることはしばらく痛みを伴うかもしれないが、それでいい。

あなたを傷つける人から立ち去ることは、弱さではなく強さの証しだ。

4 「うまくいかなかった人間関係は時間の無駄だった」というウソ

一部の人は、あなたの人生にぴったりとは合わない。だからといって、どんな人間関係も時間の無駄ではない。たとえうまくいかなくても、あなたが望まないことは何かということを教えてくれる。それを見きわめるには多少の時間がかかるだけだ。

5 「もう状況は改善しない」というウソ

生きるとは、問題に直面し、学習し、適応し、その問題を解決することである。私たちはそうやって人格を磨いていく。暗闇から抜け出す出口が見つからないと感じるとき、そこから道が開ける可能性があることを自分に言い聞かせよう。

6 「失敗は悪いことだ」というウソ

成功するためには、ときには何百回も失敗する必要がある。どんなに多くの間違いを犯し、どんなに進歩が遅くても、挑戦していない人たちよりはずっと前進している。たった1回の失敗にこだわるあまり、多くのチャンスを見逃してはいけない。失敗とは倒れることではなく、倒れたままで起き上がろうとしないことだ。

7 「私の暗い過去は暗い未来を暗示している」というウソ

たぶんほとんどの人が過去に間違いを犯し、利用され、見捨てられ、忘れられた経験を持っている。だが、それを後悔する必要はない。なぜなら、そういう経験から多くの教訓を学ぶことができるからだ。

たしかに取り返しがつかないものもあるかもしれないが、苦い経験を生かして次はよりよい選択をすることができる。

8 「新しい人と出会う必要はない」というウソ

残念ながら、すべての友人といつまでも関係をつづけることはできない。年月とともに考え方や価値観は変わる。疎遠になっていく人たちがいる一方で、親密になる人たちもいる。うまくいかなくなった古い人間関係を断ち切り、新しい人間関係を模索しよう。人生を変えてくれるかもしれない人たちとの出会いに備えよう。

9 「努力しなくても素晴らしいことが起きる」というウソ

幸せは努力して手に入れるものだ。
何もせずに素晴らしいことが起きることはまずない。

10

「あの人が去っていってしまったから もう生きていけない」というウソ

あなたの人生に、さまざまな人が現れては消えていく。戻ってくる人もいれば、そうでない人もいるが、それでいい。

一人が去っていったからといって、そばにいてくれている人たちのことを忘れてはいけない。去っていった人たちの記憶を大切にして受け入れながら、まだ良好な関係がつづいている人たちに感謝しよう。

Be the architect
and keeper of your
own happiness.

11

「私はまだ完璧な人間ではないので準備ができていない」というウソ

新しい機会が訪れたときに100%準備ができていると感じる人はいない。素晴らしい機会の大半は、最初は心地よく感じないものだ。

自分はまだ成長途上の人間だと思って、新しい機会を積極的に生かそう。何度も言うが、あなたはもう準備ができているから、思い切って一歩を踏み出すべきだ。

12

「挑戦したら失うものが多すぎる」というウソ

最終的に、あなたは「したこと」よりも「したかったのにしなかったこと」を後悔するだろう。

だから、「しておけばよかった」よりも「したけれどうまくいかなかった」と思うほうがずっといい。

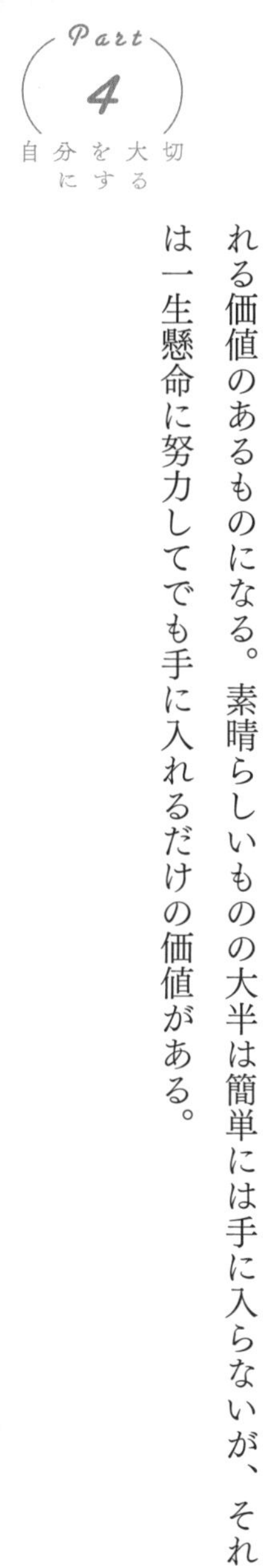

自分に言い聞かせるべき10のこと

笑えるなら笑おう。泣く必要があるなら泣けばいい。

常に信念を貫き、言い訳をせずに決断しよう。今日、自分にこんなふうに言い聞かせよう。

1 「私は素晴らしいものを手に入れるために一生懸命に努力している」

何かを手に入れるために一生懸命になればなるほど、それはあなたにとって手に入れる価値のあるものになる。素晴らしいものの大半は簡単には手に入らないが、それは一生懸命に努力してでも手に入れるだけの価値がある。

2「私は今、行動を起こしている」

先延ばし癖をやめれば、一日の中で素晴らしいことを次々と成し遂げることができる。間違いを犯すのを恐れるあまり、行動を起こすのをためらってはいけない。

3「私は次の一歩に集中している」

抜き差しならない状況に直面し、怖くて身動きがとれなくなることがある。しかし、そんなときはその場で立ちすくむのではなく、次の一歩に集中するほうがいい。

4「私は自分に誇りを持っている」

自分をどう見るかがすべてだ。自分に自信を持って生きよう。

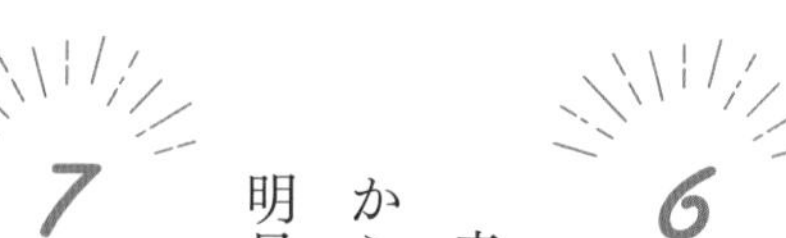

5 「私はとても恵まれている」

幸せとは、まだ持っていないものを手に入れることではなく、すでに持っているものに感謝することである。幸せは心の持ち方で決まる。だからそれはあなた次第だ。

6 「私は昨日のストレスを持ち越さない」

幸せを感じるのが非常に難しい理由のひとつは、不愉快なことを忘れようとしないからだ。一日が終わったら、その日のストレスを翌日に持ち越さないと決意しよう。明日はよりよい未来を切り開く第一歩なのだ。

7 「大好きなことをする時間はいつでも見つかる」

今日、少し時間をとって大好きなことをしよう。そうすれば幸せに近づく。

8

「誰かにとって、私はかけがえのない存在だ」

あなたの価値に気づいていない人と一緒に過ごす必要はない。あるがままの自分を受け入れて愛してくれている人と一緒に過ごし、その人に愛情を注ごう。あなたの価値に気づいてくれた人を大切にしよう。

9

「何も遅すぎることはない」

出身や経歴がどうであれ、あなたは常によりよい人物になることができる。なりたかった自分になるのに遅すぎることはない。

10

「私は常に全力を尽くしている」

どんな経験も成長の糧である。その中で笑いや教訓を見つけて前進しよう。

Beeswax Wrap Set

誰もが犯しがちな13の最悪な間違い

小さな決定が人生を永遠に変えることがある。前に進むうえで避けるべきことを列挙しよう。

1 じっと待つ

じっと待っている人にはいいことが起こらない。いいことは、自分が信じる夢と目標を追い求める人に起きる。「やればできたのではないか」「すべきだった」と過去を悔やむのはやめて、「夢に近づくために今、何ができるか？」と自問しよう。

2 いつまでもくよくよする

悲しいことがあっても、いつまでもくよくよしてはいけない。強い人とは泣かない人のことではなく、しばらく泣いたあとで気持ちを切り替えて立ち上がり、信念を貫くために再び戦う人のことである。

3 問題から逃げる

あなたが今日することは、明日を改善する力を持っている。だから問題から逃げるのではなく、ポジティブな変化を起こすことをしよう。

4 感謝の気持ちを持たない

どんなに恵まれた環境でも、感謝の気持ちを持たない人は愚痴の対象を見つける。

逆に、どんなに恵まれない環境でも、感謝の気持ちを持つ人は心の平和を見つける。だから感謝の気持ちを持って世の中を見渡そう。これまでとまったく違うものが見えてくるだろう。

5 怒りにとりつかれる

最高の妙薬とは、愛と笑いをふんだんに生活に取り入れ、怒りをきっぱりと解き放つことだ。どんなに小さな怒りも心の中にためてはいけない。

6 つくられた美の基準に惑わされる

私たち現代人は、極限まで締まったお腹と透き通った白い肌が美しいと思い込まされている。だが、あるがままの個性的な姿こそが美しいのだ。他のすべての人と同様、あなたは本当に美しい。

7 周囲の人をないがしろにする

人生で何が起ころうと、周囲の人に小さな親切をしよう。そうすれば、どんな夢や目標を追い求めるかに関係なく、素晴らしい精神的遺産を残すことができる。つまり、「この人がいてくれてよかった」という周囲の人の思いである。

8 自分をないがしろにする

言葉と行動で自分にやさしくすることは、他人にやさしくするのと同じくらい大切である。最も悲しいのは、他人を愛するがあまり、自分も特別な存在であることを忘れてしまうことだ。

9 愛を急ぐ

妥協してはいけない。あなたを本当に愛してくれる人を見つけよう。あなたが完璧ではないことを知っていても、大切に扱ってくれる人、愛情を注いでくれる人、愛していることを言葉と行動で示してくれる人、あなたの顔のしわと白髪を見ても愛してくれる人を見つけよう。

10 自分の最も重要な人間関係をないがしろにする

愛と尊敬にもとづく人間関係は、どんな嵐も乗り越えることができる。この人生の基盤は、寛容の精神と深い感謝と勇気ある行動によって維持することができる。

11 細部まですべて完璧にしようとする

すべてを完璧にしようと頑張るよりも、ときにはある程度の出来栄えでいいと思うほうがいい。ベストを尽くしたら、深呼吸をしてゆったりとした気持ちになり、いずれ状況はよくなると確信しよう。

12 リスクをまったくとらない

人生はリスクにあふれている。その中で避けるべきは、何もしないというリスクである。とにかく行動を起こして何かに取りかかろう。たとえそれが小さな一歩でも、正しい方向に進めると思うなら踏み出すべきだ。

13 自分をあきらめる

どんなにたびたび倒れても、「まだ大丈夫だから、早く立ち上がれ」と心の中でささやく声が聞こえてくるなら、それは情熱と勇気の声だ。その声に従って立ち上がり、前進しつづけよう。

Church
PUBLIC PARKING

未来の自分が感謝する10の選択

何かに打ちのめされたら、立ち上がって攻めの姿勢に転じよう。いくつかの選択肢の中から、未来のあなたが感謝するようなものを選ぼう。

1 自分らしく生きることを選ぶ

自分らしく生きないのは最もつまらない生き方である。周囲の人がなんと言おうと、あなたの人生を生きるのはあなた自身だ。

2 自分が持っているものを最大限に生かす

自分の持っているものを最大限に生かすと、ときにはそれは想像をはるかに超える力になる。毎朝、目を覚ましたときに少し時間をとって、自分が健康で生きているだけでなんと素晴らしいことか考えてみよう。人生が喜びにあふれたものであることに気づくだろう。

3 自分を信じる

自分を信じ、心の声を聞き、ビジョンに従い、直感を信頼し、強みを認識しよう。夢を見て、勇気を出し、恐れていることをし、できることを確信し、できるかぎりのことをしよう。

4 ポジティブになる努力をする

ネガティブな姿勢でいるかぎり、ポジティブな人生を送ることはできない。毎日を愛と夢と充実感にあふれる一日にしよう。毎日を精いっぱい生きよう。人生はネガティブな姿勢でいるにはあまりにも短い。

5 行動を起こす

人生における成功の条件とは、一にも二にも行動である。この世で最も幸せで成功している人は、ぐずぐずせずに目の前の作業をすることに意義を見いだす人である。彼らは情熱にあふれ、前向きで、生産性が高い。あなたもそうなるべきだ。

6 家族や友人と連絡をとる

人生では過去と決別して新しいことを始める時期が訪れるが、それまであなたの味方になって支えてくれた人たち、特に家族や友人を忘れてはいけない。

7 遊ぶ時間をつくる

私たちは人生で果たすべき責任をたくさん背負っているから、遊ぶことは無意味な行為のように思えるかもしれない。だが、それはときには必要なことなのだ。自由な時間に羽を伸ばして存分に遊ぼう。気分がとても爽快になって、より大きな幸せを感じることだろう。

8 愛と親切を広める

周囲の人の幸せは、あなたが毎日おこなう選択に大きな影響を受ける。だから一日に少なくとも1回は愛と親切を広める選択をしよう。一生でどれだけの幸せをつくり出せるかを想像すると楽しい気分になる。

9 率先してお手本を示す

他人に生き方を説く必要はない。

自分が率先してお手本を示せばいいのだ。

周囲の人はあなたを見て、自分もそんな生き方をしたいと思い、見習おうとするだろう。

10

内面の世界を変える

周囲の世界を変える
最高の方法は、
内面の世界を
変えることである。
「今」に生き、
自分がコントロール
できることに集中し、
小さな一歩を踏み出そう。

有意義な人生のストーリーを書く10の方法

自分の人生のストーリーを書くとき、他人に代筆させてはいけない。毎日、自分の夢と価値観にもとづいて行動しよう。日々の生き方が人生のストーリーの一節となる。毎日、あなたはその一節が充実した時間になるかどうかを選んでいる。

有意義な人生のストーリーを書くにはどうすればいいか。その方法を紹介しよう。

1 自分が生き生きとする方法を見つける

世の中が何を必要としているかを考えるのではなく、自分がどうすれば生き生きとするかを考え、それを実行しよう。なぜなら、世の中が必要としているのは、生き生きとしている人だからだ。

2 情熱を燃やす

夢とは、あなたの未来の人生をつくるビジョンのことだ。だから大きな夢を持ち、情熱を燃やし、明るい未来を切り開くために一生懸命に努力しよう。

3 自分が納得できる生き方をする

あなたは他人の期待にこたえるために生きているのではなく、他人もあなたの期待にこたえるために生きているわけではない。ならば自分が納得できる生き方をしようではないか。成功が意味するものは、人によってすべて違う。究極的に、成功とは自分なりの方法で幸せに生きることである。

4 必要なときは道を変えて進みつづける

あなたが人生で選ぶことができる道は無数にある。どの道を選んでもいいし、壁にぶつかったら別の道に乗り換えてもいい。あなたにとって唯一の間違いは、じっとしていることである。

5 苦い経験をもとに自分自身を支える

賢者は失敗や挫折を乗り越え、苦しみを経験し、絶望の淵から這い上がってきた。彼らは思いやりを身につけ、他人の苦しみを理解し、感謝の気持ちを持っている。それは生まれつきではなく、生涯を通じて人格を磨いてきたたまものである。

6 過去を再現しようとせず、現在に生きる

人生を理解するには後ろを振り返るしかないが、人生を切り開くには前を向くしかない。過去はたまに振り返るべきもので、いつまでもしがみついているべきではない。過去を再現しようとして時間を無駄にするのではなく、現在の貴重な瞬間を存分に活用しよう。

7 恐れていることに挑戦し、人生という名の冒険に出る

人生を冒険とみなすことほどワクワクするものはない。自分が恐れていることに挑戦しよう。未知なるものを探求し、それを楽しもう。新しい考え方や試練に直面するとき、あなたは学習し、成長し、本当に生きている。

8 日常のすべての小さなことに感謝する

身の回りの美しさについて考え、幸せな気分にひたろう。

日常のすべての小さなことに感謝しよう。それらを合わせると、どんなに有意義な人生であるかが実感できるはずだ。幸せだから感謝するのではなく、感謝するから幸せなのだということを覚えておこう。

Let go of the
past and live
consciously in the
present.

9 親切心を忘れず、立派な生き方をめざす

親切心を忘れないなら、どんなに年をとっても、人生は常に素晴らしいものでありつづけるし、あなた自身も素晴らしい人物でありつづける。困っている人に救いの手を差し伸べることほど素晴らしい行為はない。

10 愛している人たちと質の高い時間を過ごす

あなたを愛して気づかってくれている人たちに深く感謝し、一緒に過ごそう。いつか、それをしなかったことを後悔するか、それをしてよかったと思うか、どちらかである。

ついやってしまうありがちな9つの間違い

間違ったことをするのをやめれば、やがて正しいことをすることができる。
次のことに気をつけよう。

1 早合点をする

私たちは早合点をしがちで、そのために不要な心配や怒りを感じるだけでなく、他人に迷惑をかけることがあまりにも多い。自制心を働かせ、落ち着いて判断しよう。

2 他人の動向を意識する

他人の動向よりも自分の心の中を探求し、何にワクワクするかを考えてみよう。そして勇気を出して、それを追求しよう。

3 終わったことにいつまでもしがみつく

人生には、いい思い出と悪い思い出がある。いい思い出を大切にしつつ、人生の変化を受け入れ、障害を乗り越えながら前を向いて歩みつづけよう。

4 自分の間違いを認めない

間違いを犯しても、それを認める勇気があれば、きっと人生はうまくいく。

5 恐怖から逃れようとする

感じている恐怖を分析し、その内容をよく知ろう。恐怖は味方なのだ。恐怖の役割は、幸せな人生を送るにはどんな資質を開発する必要があるかを知らせることだ。恐怖から逃れようとしなければ、道を切り開くことができる。

6 自分の基準を下げる

自分の人間としての尊厳を犠牲にしてはいけない。間違った理由のために自分の基準を下げるのではなく、その場を堂々と立ち去ろう。

7 心の中のガラクタを保管する

後悔や古傷を捨てて、愛情や誇りといった価値のある宝物だけを保管しよう。

8 変えられないことを心配する

どうしようもないことを心配するのをきっぱりとやめるとき、幸せな瞬間が訪れる。過去は変えたり忘れたり消したりすることはできない。しかし、辛い思いをして学んだ教訓は、より明るい明日のために準備するのに役立つ。

9 希望を徐々に捨てる

私たちは多くのものを失っても生きていけるが、希望だけは失ってはいけない。勇気の出る言葉や勝利の物語を思い出して希望をはぐくもう。自分がより強くなって障害を乗り越える力を得たことを教えてくれる心の声に耳を傾けよう。

なれる最高の自分で生きるための13のルール

あなたの中には、他の誰もなることができない素晴らしい人物が眠っている。なれる最高の自分になろう。

そのために今日から守るべきルールを紹介しよう。

1 優先順位をはっきりさせる

今どんな髪形をし、どんな靴を履き、どんな服を着ているかは、20年後にはどうでもいいことだ。そのときに大切なのは、今どんなふうに愛し、何を学び、その知識をどう応用するかである。

2 自分の目標に全責任を持つ

素晴らしいことが起きてほしいなら、そうなるように努力しなければならない。自分の未来を他人任せにするのではなく、自分で道を切り開こう。

3 自尊心にしたがう

もし誰かに多くの選択肢のひとつとして扱われたら、自分からさっさと身をひいて、その人の選択肢を狭めるのを手伝ってあげよう。それは自尊心の問題だ。自分の価値をよく知り、安易な妥協をしてはいけない。

4 適切なものの見方を選ぶ

ものの見方がすべてだ。たとえば、レジに長蛇の列ができていたり交通渋滞に巻き

込まれたりしたとき、イライラして腹を立てることもできるが、自分の夢や目標について考えて過ごすこともできる。前者の選択は血圧を上げるだけだが、後者の選択なら意識のレベルを上げることができる。

5 終わったことのために自分の夢を台無しにしてはいけない

理不尽な終わり方をした状況について怒りをぶちまけたくなったら、そんなことをしても怒りは消えないことを肝に銘じよう。だから、口を閉じて自分の思いを別の方向に向けたほうがいい。腹の立つことを思い起こさなければ、怒りは自然に収まり、平和な気持ちになって、よりよい未来に向かって成長することができる。

6 本当に大切なものを見きわめる

あまり大切でないものもあるが、本当に大切なこともある。本当に大切なことを見きわめて、それに情熱を傾けることが、最も難しいが最も賢明な生き方だ。

7 自分の強みと弱みを受け入れる

誰もが独自の強みと弱みを持っている。自分のすべてを受け入れて初めて、なりたい自分になることができる。

8 他人から学ぶ

他人を変えることはまず不可能だ。相手をありのまま受け入れるか、その人なしで生きていくか、どちらかしかない。ある人はあなたに恩恵をもたらすためにかかわってくるし、他の人は教訓を与えるためにかかわってくる。

9 常に誠実になる

本当に相手を愛しているなら、常に誠実であることは犠牲ではなく喜びである。

10 変化によって生じる不快なことに耐える

人生は瞬く間に変えることができる。それはときには少し不快かもしれないが、しばらく辛抱すれば、新しい人生が始まる。だからもし今、不快だと感じているなら、人生で起きている変化は終わりではなく始まりであることを知っておこう。

11 充実した時間を過ごす

人生の終わりになって、自分が単に生きてきただけだと思わないために、常に充実した時間を過ごすことを考えよう。

12
自分のために立ち上がる

あなたが生きているのは
あなたらしくあるためであり、
誰かの思惑どおりに
生きるためではない。

13 自分をあきらめない

これはあなたの人生だ。強さとは、耐える能力だけでなく、必要であればやり直す能力である。学習し、応用し、成長しつづけよう。あなたはまだ目標を達成していないかもしれないが、昨日よりは目標に近づいている。

大好きな自分になるための8つの方法

自分を信じるとき、あなたは強い。

信念を持って自分の道を歩くとき、あなたは美しい。

倒れても立ち上がって前進できると知ったとき、もう何もあなたを打ち負かすことはできない。大好きな自分になるための方法を紹介しよう。

1 自分が他人の目にどう映っているかを気にしない

他人に受け入れてもらおうとして自分を見失ってはいけない。あなたが他人に証明すべきものは何もないのだ。自分が他人の目にどう映っているかより、自分が自分についてどう感じているかを気にしよう。

2 親密な関係を急いでつくらない

愛とは、おしゃれなデートに出かけたり、自分の所有物を見せびらかしたりすることではない。愛とは、他の誰もできないような方法で自分を幸せな気分にさせてくれる人と一緒に過ごすことである。もし真実の愛をまだ見つけていないなら、妥協してはいけない。あなたを無条件で愛してくれる人が必ずどこかにいる。ただ、その人をまだ見つけていないだけのことだ。

3 一人になって出直す

どんなに頑張っても、あなたの人生にはなじまない人たちがいる。あなたは一人になって、よりよい人生に向けて再出発するほうがいいのかもしれない。つまり、場合によっては、一人になって出直すことが相手との関係においてハッピーエンドである

ということだ。

4 ポジティブなことにフォーカスする

思考は、気分をつくり、夢を発明し、意志力を鍛え上げる。だからこそ私たちは自分の思考を厳選し、望んでいる人生をつくるのに役立つ考え方だけにフォーカスしなければならない。

5 なれる最高の自分をめざし、たえず成長する

人生の本当の目的は、なれる最高の自分になるように成長することだ。変化を起こすことは常に可能である。努力と経験を積んで開発できない能力はない。ネガティブな信念のために自己改革を怠ってはいけない。

6 自分が信じる目標に取り組む

自分にとって重要な目標を先延ばしにしてはいけない。人生は思っているよりも短い。今日、自分の心の声に従おう。

7 自分を心の牢獄から解放する

恨みを捨てたときに新しい人生が始まる。他人を許し、自分を心の牢獄から解放すれば、愛にあふれた人生を送る準備が整う。後ろを振り返るのではなく、前を向いて歩いていこう。

8

常に前を向いて進みつづける

前を向いて進みつづけるというのは、
過去を忘れてしまうという意味ではなく、
過去に起きたことを受け入れ、
現在に生きることを選ぶという意味である。

傷ついたままでいるのではなく、
幸せになることを選ぶことによって
自分に再びチャンスを与えるという意味である。
その結果、あなたは直面してきた数々の試練に対し、
「今度はうまく切り抜けてみせる」
と言うことができる。

自分を大切にすることに関する質問

◎もしあなたが心の中で自分に話しかけているのと同じような調子で話しかけてくる人がいたら、そんな人と付き合いたいだろうか？

◎あなたが未来の自分のために望むものは？

◎あなたが持っている、誰もがうらやむようなものは？

◎誰もあなたから奪い取ることができないものは？

◎最近、心の中の小さな声は、あなたに何と呼びかけている？

◎自分は不完全だと感じることは何だろう？

◎自分に対する不快な思いを取り除いたら、自分について何が見えてくる？

◎最近、あなたが自分について学んだ新しいことは？

◎あなたが果たすべき自分に対する約束とは？

Part 5

情熱と成長

自分に正直になろう。
もし今していることに
情熱を燃やすことができないなら、
情熱を燃やせる別の対象を
見つけよう。

考え方を変える30の朝の問いかけ

朝はきわめて重要である。一日の出発点だからだ。

朝をどのように過ごすかで、どんな一日になるかが予測できると言っても過言ではない。

これからの1か月間、毎朝少なくとも5分間、それぞれの問いかけを読んで答えを思い浮かべたり、ノートに書いたりして、それによって人生が徐々にどのように変わるかを確認しよう。

あなたは自分の間違いの中で、特に何を許す必要があるか？　自分の判断ミスは何を教えているだろうか？

過去の不適切な決定を許そう。他人と自分を傷つけた選択をしたことを許そう。若くて思慮が足りなかったことを許そう。それらはすべて貴重な経験だ。今、大切なのは、その経験を生かして成長することである。

2

最近、自分のどんな思考の犠牲になっただろうか？　それは自分の行動にどんな影響を与えてきただろうか？

心の中は戦場である。そこでは最も激しい葛藤がたえず繰り広げられている。恐れていることの半分くらいが実際には起こらなかった場所であり、たびたび自分のネガティブな思考の犠牲になってきた場所でもある。

3

今日、意識を向ける価値があるものはなんだろうか？

あなたが意識を向ける対象は大きくなる。だから何に意識を向けるかはきわめて重要だ。

4

今、人生で最も感謝していることは何で、それはなぜか？

幸福とは、自分の人生はもっとこうあるべきだという思い込みを捨てて、謙虚な気持ちで現状に感謝することだ。肩の力を抜いてリラックスしよう。あなたはもう十分だし、十分に持っているし、十分なことをしている。深呼吸をして、今この瞬間に生きよう。

5

あなたが折り合いをつける必要がある現実とは何で、それはなぜか？

人生の大半は自分の内面の反応によって決まる。このことをよく考えてみよう。周囲で何が起きようとも、自分の内面と折り合いをつければ、心の平和が得られる。

かつては自分にとって大切なものだったが、手放したものはなんだろうか？　必要だとは思ってもみなかったが、今は大好きなものはなんだろうか？

以前は「これがなければ生きていけない」と思っていたにもかかわらず、実際にそれがなくなっても十分に生きていけるし、以前はほしいとすら思っていなかったものが大好きになったりする。人生とは、実に意外な展開をするものだ。恐れてはいけない。自分を信じよう。教訓を見つけよう。人生の旅を楽しもう。

7

この1か月間、あなたの行動は自分の優先順位について何を物語っていただろうか？　起こしたい変化はあるだろうか？　もしあるなら、それを詳しく考えてみよう。

もし自分の人生で気に入らない部分があり、それを変えることができるなら、すぐに変化を起こして新たな選択をしよう。

8

あなたがこだわりすぎてしまっている理想はないか？

私たちは理想的な道が現れるのを待って日々を過ごしがちだが、理想的な道はけっして現れない。道は、待つことではなく歩くことによってつくられるのだ。

今は自信がなくても構わない。小さな一歩を踏み出すことによって自信が芽生える。

9

この1か月でどんな挑戦をしたか？　それから何を学んだか？

3万回も同じような一日を過ごすことを「人生」と呼んではいけない。

成長は今日から始まる。夢を持って果敢に挑戦しよう。この瞬間は目標達成の出発点だ。

あなたの人生を応援してくれる人は誰か？

あなたがどれだけ幸せになるかは、どんな人たちに囲まれて生きているかということと密接な関係がある。だから自分と気の合う人、心の安らぎを与えてくれる人、悪い習慣を改めさせるだけでなく成長を促してくれる人と一緒に過ごそう。

11

ふだん恩恵を得ているにもかかわらず、当然のこととして見落としがちな自分の特権はなんだろうか？

私たちは好きなものを食べ、好きなものを飲みながら、スマホで誰かのツイートを読んで「世の中はなんて不公平だ」などと愚痴りがちである。

しかし、よく考えて感謝しよう。深呼吸をして、自分の現状に感謝し、自分が持っているものの価値を確認しよう。

あなたの家にあるモノの中で、充実した人生を送るうえで妨げになっている不要品はなんだろうか？

家の中の不要品を捨てると、生活はずっとシンプルになる。多くのモノを持つのではなく多くの経験をすることで人生は豊かになる。

13

あなたが自分への個人攻撃だと勘違いしがちなことはなんだろうか？

その習慣はあなたの人生にどんな影響を与えているだろうか？

たとえ個人攻撃のように見えるときですら、たいていの場合、他人が何かをするのは、あなたのせいではなく、彼ら自身のせいである。他人の言動をコントロールすることはできなくても、それによって自分のレベルを下げないという決断をすることはできる。今日、その決断をしよう。

最近、他人が自分の問題のせいであなたの言動を誤解した例はなんだろうか？

あなたは自分の発するエネルギーを他人がどう受け取るかをコントロールできない。あなたの言動は、他人がその瞬間に経験していることのフィルターを通して伝わる。それはあなたとは関係がないが、常に愛情深く誠実な気持ちで行動しよう。

15

最近、あなたは自分をどう扱っているだろうか？

あなたは他人にとっていつも最優先課題だとはかぎらないから、自分にとっては常に最優先課題でなければならない。自分を尊敬し、自分を大切にし、自分を支援しよう。

Part
5
情熱と
成長

あなたが喜んで受け入れる必要のある自分らしさとは何か？
深呼吸をして、自分らしさに意識を向けよう。何も変える必要はない。ありのままのあなたでいいのだ。

17

悲しみに打ちひしがれたことによって、より強く、より賢く、より愛情深くなることができた経験はないだろうか？
あなたが出会った中で最も賢くて、愛情豊かで、すぐれた人格を持つ人たちは、たいてい悲しみに打ちひしがれた経験を持っている。人生は、まず叩きのめしてから最高の人間をつくりだすのだ。粉々に破壊することによって傑作に仕上げるのである。

18

何かを手放したことによって道が開けた経験はないだろうか？
人生では、前進するために何かを手放さなければならないことがときにはある。

19

最近、あなたの心の声は何を語りかけているだろうか？　そして、それは何を意味しているだろうか？

自分の心の声を聞く余裕を持とう。心の声を無視して、周囲の雑音に耳を傾けてしまう人があまりにも多いのが実情だ。

20

他人がどう思おうと、今日、取り組む価値のあることはなんだろうか？なぜ、それはあなたにとってそんなに重要なのだろうか？

人気者になることや、誰かに嫌われたくないと思うことについては、忘れよう。情熱を持ち、謙虚さを保ち、正直な気持ちで、自分のしたいことをしよう。拍手を求めたいからではなく、正しいと信じるから、それをしよう。他人がどう思おうと、自分の信じる道を一歩ずつ歩もう。夢はそうやって実現するのだ。

最近、あなたは何に気が散っているだろうか？　それはどの程度よくあることで、その理由はなんだろうか？

今は楽しくても、あとで損をすることになるなら、それをしてはいけない。そのときは多少ほしくても、本当にほしいものではないなら、妥協してはいけない。自分の習慣を研究しよう。ふだん自分の時間がどうやって消えているかを見きわめ、本当に大切なものに意識を向けよう。

22

ときおり再発する以前の悪い習慣はなんだろうか？　よりよい選択肢は何で、それはなぜか？

楽だからといって以前の悪い習慣に戻ってはいけない。あなたがなんらかの悪い習慣をやめたのは人生を改善したかったからだ。しかし、このまま後退しつづけるなら、前進することはできない。

23

あなたはふだんどうやって心身を鍛えているだろうか？

あなたの心身は強くなるために、日常的にエクササイズを必要としている。大した方法でなくていいから常に心身を鍛えておかないと、予想を超える厳しい日々が訪れたときに押しつぶされてしまうかもしれない。

24

最近、以前のように心を煩わさなくなったことはなんだろうか？

年をとるにつれて、あなたは自分の時間、本当の人間関係、有意義な仕事、心の平和を大切にするようになる。その他のことはあまり大切ではなくなる。したがって、成長の最も顕著な証しとは、かつては悩んでいたささいなことに心を煩わさないようになることである。

25

今日、ふだんよりやさしくするために他人に対してできることは何か？

最近、あなたにとてもやさしくしてくれた人は誰か？

あなたが出会うすべての人は何かを恐れ、何かを愛し、何かを失っている。それを思い起こし、いつも以上にやさしくしよう。今日、相手の話に耳を傾け、新しいことを学び、感謝の言葉を述べよう。

26

最近、他人に期待して裏切られたことは何か？　あなたはその経験から何を学んだか？

他人があなたの望みどおりに考えて行動することはめったにない。最善を願いつつ、多くを期待してはいけない。見解の相違を認め合おう。意見が合わないからといって相手を罵ってはいけない。自分が絶対に正しいと思い込んでしまうと、とてもいやな人間になってしまう。

27

最近、どんなささいなことにときおり惑わされているか？　それを乗り越えるために何ができるか？

年をとるにつれて、人間は徐々に落ち着きが出てくる。そして、実につまらないことに膨大な時間を浪費してきたと気づく。ささいなことに惑わされないという決意からもたらされる心の平和を得るために最善を尽くそう。

28

あなたはどれだけ成長したか？　長期にわたる自分の成長について考えてみよう。それに対して十分に自分をたたえているか？

遅すぎることはない。今、あなたは必要なところにいるのだ。どの一歩も大切である。人生の旅が長くかかっていることについて、自分をけなしてはいけない。誰もが人生の旅を歩むときに相応の時間を必要としているのだ。自分をたたえ、今まで生きてきたことに感謝しよう。

今、成し遂げようとしている最も難しいことは何か？　それについて必要な小さいステップは何か？

あなたは1年前、1か月前、1週間前とは違う人物だ。あなたは常に成長している。それが人生だ。そのときは非常に困難な経験のように思えても、それを乗り越えたら感謝しながら振り返ることができる。

30

今、あなたにとって、新しい始まりとはどういう意味を持つだろうか？　あなたはそれについて何をするつもりだろうか？

もうすべてが終わったと思うときがいずれ訪れるだろう。だが、それは出発点なのだ。謙虚になって、やり直そう。新しいアイデア、新しい一歩、新しい始まりの余地は常にある。

以上の問いかけは、たえず実践しなければ、ほとんど意味がない。平凡なことのように思えることでも、何度も実行しているうちに、人生を変えるくらい大きな成果を

もたらす。

毎日、何週間にもわたって一歩ずつ前進することは、特にワクワクするようなことではない。だが、そうすることによって、多くの普通の登山家が世界最高峰のエベレスト山に登頂してきた。

あなたも一歩ずつ前進する決意をしよう。毎朝、少しずつ自分の一日をコントロールする力を発揮すれば、やがて人生を好転させることができる。

年齢を重ねることについて知っておいてほしい16のアドバイス

25年前、私（マーク）が高校1年生のとき、作文の授業で「より若い世代へのアドバイス」という宿題を課された。クラスの全生徒が25歳以上の人に話を聞いて、より若い世代への最も適切なアドバイスを調べるのが目的だった。そこで、私は父に話を聞くことにした。

最近までそのことをすっかり忘れていたが、実家を訪れて屋根裏部屋の古い箱を片づけていたとき、その作文を見つけた。それを読んだところ、とても驚いた。父のアドバイスはどの年代の人にも関係があるが、当時はよくわからなかったことが大人になって理解できるようになった。実際、自分の作文を読んでまず思ったのが、「父は正しかった」ということだ。

父から教わった「年齢を重ねることについてのアドバイス」を紹介しよう。

1 年をとるのを楽しみにする

年をとるにつれて、より賢くなり、より自信がつく。年をとるのを恐れるのではなく楽しみにしよう。年をとるのは素晴らしいことなのだ。

2 逆境は成長の糧である

誰もが成長する過程で不測の事態を経験する。だが、それはより強くなるための機会を与えてくれているのだ。

3 誰もが社会の役に立つことができる

自分が誰の役にも立たない存在のように感じることがあるかもしれない。しかし、あらゆる親切な行為が周囲の人の気持ちを高揚させる力を持っている。私たちのふだんの選択は大きな意味を持っている。

4 第一印象だけではわからないことがよくある

ぱっと見ただけでは、どんな人でも普通に見える。何度も会って初めて、相手の本当の姿が見えてくる。

5 焦点を絞ったときに大きな成果が得られる

より狭い分野に集中して努力を傾けよう。広い分野に努力が分散すると、大きな成果が得られなくなる。

6 成果をあげるためには努力を積み重ねなければならない

誰もが一回目でいきなり成果をあげることはめったにない。実際、成果をあげる人とは、何度もうまくいかなかったあとで努力を積み重ねた人である。

7 すべての人と仲よくする必要はない

人間関係については現実的になろう。より深く、より有意義なレベルで付き合うためには、より少しの人たちとつながればいい。

8 いつも楽しいことをする

どんなに忙しくても、楽しいことをする時間を常につくろう。

9 シンプルに生きる

今、人生で最も大切な5つのことを選び、それに意識を向けよう。それ以外のことは放っておこう。いろんなことにかかわって忙しくするのではなく、自分にとって本当に大切なことを楽しもう。

10 言い争うよりもはぐくんできた愛と時間を大切にする

ほんの少し誤解があったからといって、一緒に過ごした膨大な素晴らしい瞬間を忘れてはいけない。愛する人に怒りを感じているなら、心を込めてその人をハグしよう。そんな気分になれないかもしれないが、だからこそ、そうすべきなのだ。

Not much is worth
fighting about.

11 身の回りの小さなことを大切にする

身の回りの小さなことをないがしろにしてはいけない。たとえば、子どもが寝ているのを見る、家族と一緒に夕食の準備をする、友人と一緒に笑う。人生はそういう小さなことで成り立っているのだ。

12 自分の意見を秘めておく

もしあなたが指図するのをやめて黙って見守るなら、周囲の人はそれに感謝し、自分の道を見つけるだろう。

13 時間をしっかり管理する

緊急のことと重要なことを混同してはいけない。

14 お金をしっかり管理する

お金に管理されてはいけない。

15 学校で学ぶことには何かしら意味がある

学校で習った知識を使うことはないかもしれないが、どんな状況でも応用できる問題解決の技術が身につく。

16 行動を起こさないかぎり、夢はいつまでも夢のままになる

夢を見るのをやめて、今すぐに行動を起こそう。今から10年後、自分がやらなかったことを後悔することはなんだろうか？　それを今すぐ行動に移そう。

夢を追い求める前に誰かから聞かされる8つのウソ

残念ながら、夢を追い求めるために第一歩を踏み出そうとすると、周囲の人が間違ったアドバイスをしてしまう。悪意を持っているからではなく、あなたの夢や人生の目的がどんな意味を持っているかを理解していないからだ。つまり、夢を追い求めることは、本人にとってリスクをとる価値があることを理解していないのである。

そこで、周囲の人はあなたが失敗しないように守ろうとする。だが、それはあなたが夢を現実にするのを結果的に妨害する行為なのだ。

あなたが夢を追い求めようとするとき、周囲の人がしがちな間違ったアドバイス（つまりウソ）を列挙し、なぜ致命的な間違いなのかを説明しよう。

1
「夢を追い求めることはいつかできるから、今はこの仕事に専念しなさい」というウソ

「いつか」というのはいつなのか。今日こそが人生を変える出発点なのだ。しかも、夢を追い求めることこそが人生の重要な目的である。「いつか」まで待ってはいけない。今日を残りの人生の最初の日だと思い、夢を追い求めよう。

2
「今の仕事にとどまったほうが安全だ」というウソ

リスクを避けることは、最も大きなリスクかもしれない。より安全であることが、よりよいとはかぎらない。

3 「それは不可能だ」というウソ

それについて何もしないなら、それは不可能だ。だが、情熱を燃やすなら、ほとんどのことが可能だ。だから、それを本気でやってみたいと思わなければならない。

4 「成功するのは、ごく少数の幸運な人だけだ」というウソ

そのごく少数の幸運な人が成功したのは、何かを実行したからだ。彼らは意志力と決断力を持っていた。あなたもその一人になることができる。それはあなた次第だ。

5 「少しのことのために多大な犠牲を払うことになる」というウソ

夢の実現のために努力することについて、「その後の数十年間を快適に過ごすために、人生の数年間をささげる準備はできているか？」と自問しよう。

6 「第一歩を踏み出すためには、もっとお金を貯めなければならない」というウソ

あなたに必要なのは、もっとお金を貯めることではなく、計画を立てることである。同様のことをやって成功した人たちを研究しよう。しかし、とりわけ大切なのは、小さな一歩を踏み出すことだ。だからといって、夢を追い求めるために今の仕事をすぐに辞めるという意味ではない。「夢の実現に近づくために、今あるお金で今すぐどんな行動をとればいいか？」と自問しよう。

7 「他人の助けは必要ではない。自分一人でやったほうがいい」というウソ

ポジティブな人たちに囲まれると、仕事の能力と成功の確率が高まる。だから目標を支援してくれる人たちと一緒に過ごそう。一方、シニカルでネガティブな人たちと付き合っていると、自分もシニカルでネガティブになりやすい。あなたの人間性は、ふだん付き合っている人たちの人間性を反映する。

8 「それはたいへんな努力を要する」というウソ

人生の成功はひとつの条件にかかっている。それは、大好きなことを見つけることだ。自分に正直になって興味のあることを追い求めるなら、情熱を燃やしつづけて成功することができる。

たぶん最も重要なのは、自分が大嫌いな分野で働いて、「今後30年間、こんなことをするのか」と思わずにすむことだ。だからもし大好きな仕事に就きたいなら、それをあきらめてはいけない。

あなたには素晴らしい未来が待っている。周囲の人の間違ったアドバイスを無視して大好きなことに打ち込めば、きっと夢をかなえることができる。では、さっそく行動を起こそう。

誰かからの承認を待つのをやめるべき8つの理由

人生の最大の自由のひとつは、他人にどう思われようと気にかけないことだ。他人にどう思われるかを恐れて安易な選択をしてはいけない。周囲の人の小さな考え方のために、自分が抱いている大きな夢をあきらめるべきではない。今日から他人の承認を待つのをやめよう。その理由は次のとおりである。

1 人生はたった一回きり

嫌いなことをして成功するより、大好きなことをして失敗する（そして学ぶ）ほうがいい。だから思い切って信念を貫こう。勇気と情熱を持って恐怖と立ち向かおう。自

分のビジョンが現実になるまで粘り強く取り組もう。

2 他人の承認は単なる意見にすぎない

他人がとやかく言ってきても、そのために自分の人生を犠牲にする必要はない。自分らしさを大切にして前進をつづけよう。あなたの夢と幸せをつくり出せる唯一の人物は、あなた自身である。

3 あなたに関する重要な意見は、あなた自身の意見だけだ

他人の目にどう映ろうと関係ない。本当の自分になる旅に出かけよう。大好きなものが夢を決定づけ、夢が行動を決定づけ、行動が運命を決定づける。

4 一部の人はどうやってもあなたを承認してくれない

世の中には2種類の人がいる。あなたの元気を奪って創造性を台無しにしてしまう人と、いつも笑顔を見せて、あなたを元気にし、創造性をかき立ててくれる人だ。前者のタイプを避けて、後者のタイプと付き合おう。

5 未来に何が起きるかは誰にもわからない

先に何が待っているかは常に謎である。恐れずに開拓し、学習し、成長しよう。物事が起きる理由はときとして謎である。その事実を受け止めて前進をつづけよう。

6 たいていの場合、自分で経験することが成長には必要だ

自分で経験することによって初めて理解できる人生の教訓もある。この経験は、より論理的に考え、前向きな方向に進む能力を与えてくれる。

7 直感は他人の承認を必要としない

やってみたいことに挑戦し、行きたいところに行き、自分の直感に従おう。

8 じっと待つには人生はあまりにも短い

大局的な見地に立つと、あなたに残された時間はそんなに長くない。それは誰にとっても同じだ。だから自分に与えられた人生を大切にし、他人の承認を待たずに幸せになることを選ぼう。それによって何を失うというのだろうか。

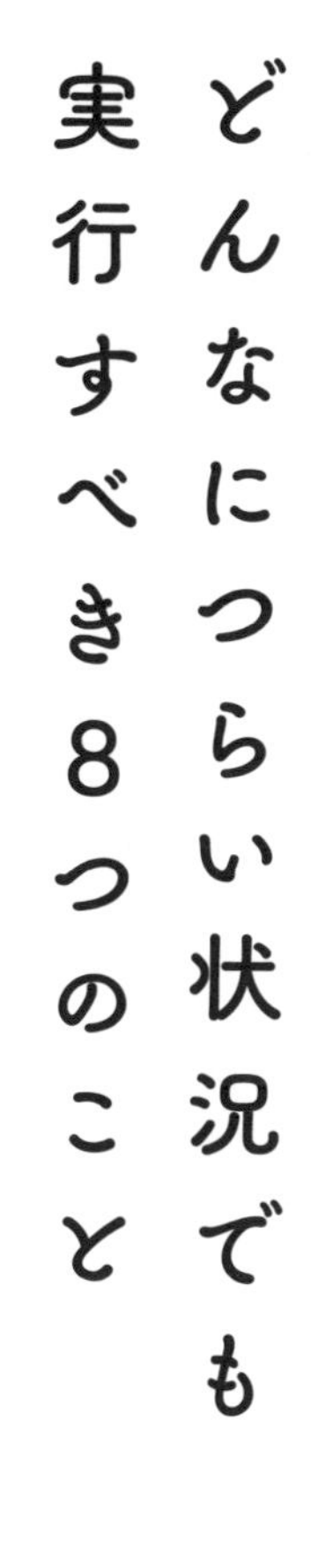

どんなにつらい状況でも実行すべき8つのこと

他人はあなたの人生を体験しているわけではない。だから他人の批判を忘れよう。あくまでも自分の気持ちを大切にし、心の中で正しいと思っていることを実行しよう。どんなにつらい状況でも実行すべきこととは何か。それを紹介しよう。

1 自分をいたわる

自分をいたわらないなら、他人をいたわることもできない。だから自分をいたわることは最も素晴らしい行為なのだ。

2 自分が正しいと思うことをする

誰がなんと言おうと、あなたは自分が正しいと思うことをすべきである。なぜなら、これはあなたの人生なのだから。

3 毎日、目標を達成することに意識を集中する

時間の過ごし方が人生を決定づける。うまくいっている人はいつも夢に少しずつ近づくために小さなことをしている。途中で間違いを犯すこともあるが、それでもあきらめずに前進しつづける。

4 すべての人に親切にする

自分が決めた人たちにだけ親切にするのではなく、誰に対しても親切にしよう。特

定の人にだけ親切にして、それ以外の人たちには冷たく接するなら、それは差別だ。真実の愛はそんな差別をしない。人びとへの愛があれば、差別する必要はない。

5 他人のために立ち上がる

強い人は自分のために立ち上がるが、より強い人は他人のためにも立ち上がり、できる範囲内で救いの手を差し伸べる。

6 挫折したことを恥じない

挫折して落ち込んでいるとき、それを恥じてはいけない。あなたは困難な時期を経験していて、前進するために果敢に挑戦しているのだ。だからそれはむしろ誇りに思うべきことである。今日は昨日よりずっと強くなり、今後もますます強くなることを確信しよう。

7 人生の変化に応じて夢を調整する

人生は夢を現実にするための機会をたくさん提供してくれる。
ただし、前進しつづけるためには、ときには夢を少し調整する必要があることを忘れてはいけない。
つまり、必要に応じて軌道修正をすればいいのだ。

8 心が前向きになることを思い浮かべ、堂々と振る舞う

過去を嘆き悲しむのではなく、過去を乗り越えよう。痛みを隠すために微笑むのではなく、痛みを癒やすために微笑もう。世の中の悲しいことについて考えるのではなく、身の回りの楽しいことについて考えよう。

生き生きと生きる9つの方法

単に存在しているだけでなく、充実した人生を送るためにはどうすればいいだろうか。生き生きと生きるための簡単な方法を紹介しよう。

1 心の声に従う

人生では、果敢に挑戦するか何もしないかだ。それはあなたが決断することである。自分の心の声に従って果敢に挑戦しよう。

2 変化を歓迎し、人生の展開を楽しむ

成長することの最も難しい部分は、慣れ親しんだものを手放し、慣れ親しんでいないものを受け入れることだ。人生では変化を避けることはできない。だから生き生きと生きるためには、変化を歓迎し、人生の展開を楽しむようにしたほうがいい。

3 パートナーを賢く選ぶ

最高のパートナーの特徴は、楽しい時間を共有するだけでなく、一緒に障害を乗り越えて「やっぱりあなたを愛している」と言えることだ。

そして、あなたが不調のときでも愛してくれている人が、人生で最も大切な人だ。それが誰なのかを見きわめ、愛を込めて接しよう。

4 不完全な自分を大切にする

あなたは子どもがわがままでも大切にし、母親が小言を言っても大切にし、父親が頑固でも大切にするはずだ。こんなふうに、あなたはふだん不完全な人たちを大切にしているのだから、不完全な自分も大切にすべきだ。

5 遊ぶ時間を確保する

仕事ばかりでは息がつまる。心配事ばかりでは落ち込んでしまう。怒ってばかりでは疲れてしまう。遊ぶ時間を確保してストレスを解き放とう。

6 すでに持っているものに感謝する

豊かさを実感するには2つの方法がある。ほしいものをすべて手に入れることと、すでに持っているものに満足することだ。ほしいものをすべて手に入れることは不可能だが、すでに持っているものに感謝すれば、人生のあらゆる瞬間でますます幸せを感じることができる。

You know how to
love imperfect
people, and
can surely love
yourself.

7 未来の自分が感謝するようなことをする

今日、何をしたら未来の
自分が感謝するかを考え、
それを実行しよう。

HAPPY BOOK

8 人生のささやかなことを楽しむ

太陽が地平線のかなたに沈むのを見たり、家族と一緒に過ごしたりするといった、人生のささやかなことを楽しもう。

いつか振り返ったとき、それらのことが大きなことだったと気づくだろう。

9 こわれたものを手放す

いったんこわれてしまった人間関係は、たいていもとには戻らない。それを無理にもとに戻そうとすると、事態は悪化するだけだ。

だから新しい人間関係を模索して、よりよいものをつくり上げたほうがいい。強さとは、顔に笑みを浮かべて情熱を燃やしながら再出発する能力のことである。

情熱と成長に関する質問

◎ けっしてあきらめたくないものは？

◎ 時間の経過を忘れるほど熱中できることは？

◎ あなたを魅了するのは？

◎ できることなら毎日でもしたいことは？

◎ 最近、最も情熱を感じて生き生きしたのはいつ？

◎ あなたは信念を貫いている？　それとも、妥協している？

◎ 本当にしたいけれど、していないことは？　そして、それはなぜ？

◎ 一日でもしなかったら耐えられないことは？

◎ いやだから仕事を減らしてほしい？　楽しいから仕事を増やしてほしい？

◎ 誰からも批判されないとわかっているなら、どんなことをする？

Part 6

生産性

あなたがどんなに
多くの間違いを犯そうと、
挑戦していない人たちより
はるかに前進している。

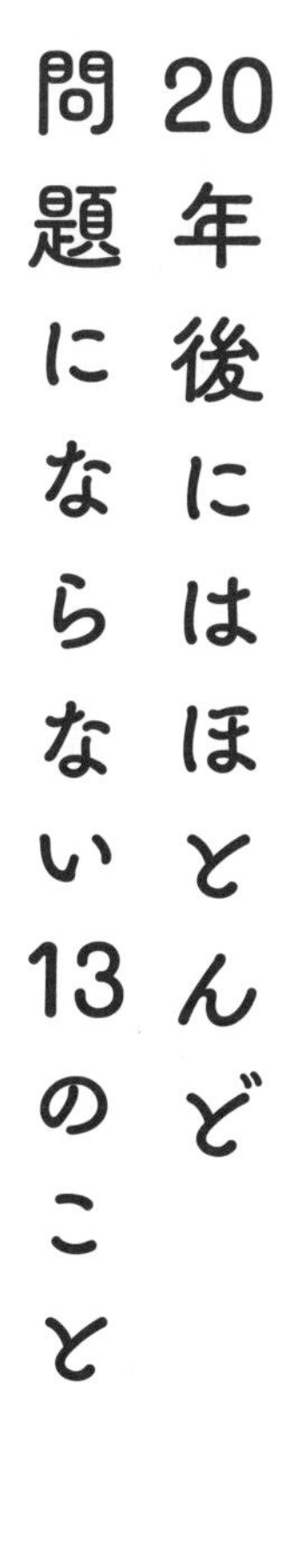

20年後にはほとんど問題にならない13のこと

私たちは日々のささいな不満のために人生の素晴らしさを理解せずに過ごしている。そして誰かに愚痴ったり、ＳＮＳで「世の中はあまりにも理不尽だ」と発信したりする。すると大勢の人がそれに同調し、同じように不満をぶちまける。

私たちはまた、ささいなことを大げさに騒ぎ立てる傾向がある。不満を感じることを必死で見つけ、「ああ、人生はつまらない」などと嘆く。

けれども、私たちは年をとるにつれて冷静になり、ささいなことに膨大な時間を浪費してきたことを悟る。

思っていたよりたいしたことではないと気づくことをこれから紹介しよう。

1 日常生活にさまざまな不満を抱いていること

今日悩んでいることの9割は、おそらく1か月後にはほとんど問題にならない。遅かれ早かれ、これはたいてい真実であることがわかるはずだ。だから小さなことに思い悩むのをやめて、常にポジティブな気持ちで前を向いて進んでいこう。

2 小さな失敗をしたと感じていること

目標を設定して行動を起こすと、ときには成功し、ときには失敗する。しかし、長い目で見ると、どちらも同じくらい重要だ。

3 完全な自信を身につけようとすること

自信は私たちを勢いづけ、不安を払拭してくれる。自信が行動に先立つこともある

が、たいていの場合、行動が自信に先立つ。だからとにかく行動を起こそう。失敗したらどうしようと思い悩むのではなく、自信をつけるために行動を起こすのだ。

4 ネット上だけの活動家になること

ネット上で意見を発信するのは自由だが、実際に社会に貢献したいなら、遅かれ早かれ行動を起こすべきだ。よりよい世界をつくるためにネット上で正義を叫ぶだけでなく、ふだんの生活で家族を愛し、周囲の人に親切にし、自分が説いていることを実行しよう。

5 すぐに大きなことをしようと思うこと

若いときは「すぐに大きなことをしよう」と思っているかもしれないが、やがて「時間をかけて着実に成し遂げるほうがいい」と気づく。たいていにおいて、価値のあることとは、不断の努力が必要になる。

6 他人の責任を並べ立て、追及すべきだと主張すること

不満を抱えて言い訳ばかりし、その責任を他人になすりつけている幸せな人を見たことがあるだろうか。

幸せな人は自分の人生に責任を持っている。幸せは、自分自身の考え方や心の持ち方、人格、振る舞いの産物であることを知っているからだ。

7 自立しようとしない人を救おうとすること

率直に言って、自立しようとしない人を救おうとしても意味がない。そういう人はあなたの行動に感謝しないだろう。同情を求めているかもしれないが、変わろうとしない。だからそんな人にいくらアドバイスをしても無駄である。

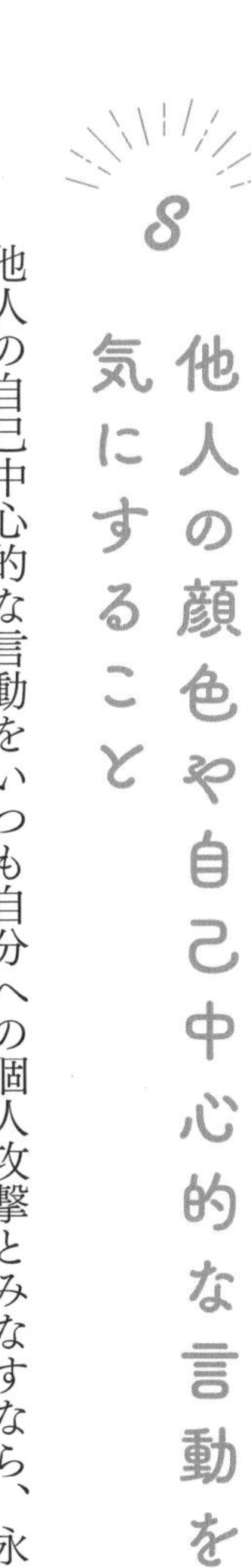

8 他人の顔色や自己中心的な言動を気にすること

他人の自己中心的な言動をいつも自分への個人攻撃とみなすなら、永久に腹を立てて過ごすことになるだろう。他人があなたにどう接するかは彼らの問題であり、あなたがそれにどう反応するかはあなたの問題である。だから他人の自己中心的な言動を冷静に受け止めることを覚えれば、とても気分がよくなる。

9 口論に勝つこと

あなたの度量の大きさは、口論に勝った回数ではなく、「こんなささいなことで口論しても意味がない」と心の中で言った回数で決まる。

10 他人を裁くこと

私たちは年をとるにつれて、他人にやさしく接することがどんなに重要かが身にしみてわかるようになる。どんな人でも自分にやさしく接してほしいと願っている。特に、何かしらうまくいっていない逆境のときはそうだ。

他人がどんなに苦しい思いをしているかは、本人以外にはわからない。だから他人には寛容の精神を発揮し、敬意を持ち、やさしく接することを心がけよう。

11 自分の外見にこだわること

年をとるにつれて、自分の外見はあまり気にならなくなり、自分がどんな人物であるかが主な関心事になる。美しさは外見とは関係がなく、自分がどんな人物で、他人をどんな気分にさせるか、そして自分がどんな気分でいるかが大切である。

12 高級なブランド品にこだわること

年をとるにつれて、高級なブランド品にこだわる気持ちは薄れてくる。自分が本当にほしいものや必要としているものは、お金では買えないことに気づくからだ。

13 遠い未来の可能性に託すこと

時間の経過とともに、あなたに残された時間は短くなる。だが、それは大きな問題ではない。なぜなら、よい人生は常に今から始まるからだ。

幸せを求めて退社時間まで待つ人もいれば、週末まで待つ人もいるし、休暇まで待つ人もいる。一生待ちつづける人すらいる。しかし、幸せの秘訣は、この瞬間を最大限に楽しむことだ。

生産性の高い素晴らしい一日のスタートを切る8つの方法

一日は24時間と決まっているが、それぞれの時間の質は同じではない。目的を持って一日のスタートを切ることは、充実した一日の可能性を高める。では、その方法を紹介しよう。

1 早くスタートを切る

余裕を持って朝のスタートを切ると、その日を充実させることができる。

2 優先順位を明確にする

その日の第一の目標は何か？　自分にとって最も重要なことは何か？　何をすれば幸せを感じるか？　以上のことを中心に予定を決めよう。

時間は最もかぎりのある資源である。なぜなら、どんなに頑張っても、一日の時間は増やせないからだ。それを肝に銘じて優先順位を明確にしよう。

うまくいっている人の特徴は、優先事項ではないことを省いて優先事項に取り組むようにしていることである。優先順位を明確にすれば、物事を正しい順番に並べることができ、優先事項ではないことに大切な時間を割く必要はなくなる。

3 運動する

運動は単に体力を強化するだけでなく、脳の機能を向上させ、ストレスをやわらげる働きがある。運動をする習慣を身につけると、ビジネスにも良好な影響をもたらす。アップルのCEOを務めるティム・クックは毎朝5時にジムに行って運動をするという。ジムが近くにないなら、毎朝、散歩に出かけるか室内のウォーキングマシンに乗って歩いてみよう。この習慣はその日の代謝を大幅に改善するはずである。

4 ヘルシーな朝食をとる

あなたの脳と体は、食べたものをもとに機能する。たとえば、菓子パンよりも新鮮なフルーツのほうがエネルギーの補給に役立つ。

5 家族に感謝する

陳腐なようだが、家族に感謝すると心が安らぎ、「さあ頑張ろう」という気になる。頑張るのは自分のためだけではなく、パートナーと子どもに恩恵をもたらすためでもあるという事実を忘れてはいけない。

Life humbles us gradually as we age.

6 15分間、イメージトレーニングをする

15分間、感謝しているすべてのことについて考えてみよう。人生でしたいことをすべて成し遂げている姿をイメージしよう。

7 情報を収集する

経済紙であれラジオであれ、毎朝数分間、世の中で起きていることについて学ぼう。情報を収集すれば、知識が得られるだけでなく、ものの見方が変わり、その日の行動に勢いがつく。

8 苦手なことを先にすませる

作家のマーク・トウェインは「カエルを朝一番に食べれば、それ以外のことはそん

なに難しくない」と言っている。言い換えれば、苦手なことを先にすませよう、ということだ。

日々の生産性を保つ10の心がまえ

今日うまくいかなくても、明日はそれをやり直す新しい機会である。大切なのは、自分が選択できることに気づくことだ。そのための心がまえを紹介しよう。

1 よい結果をもたらす人と過ごす

ポジティブな人と過ごす一日は、常に素晴らしい日である。ごくありふれたアイデアやプロジェクトでも、そういう人と話し合い、一緒に取り組むだけで大きな成果につながることがある。

2 常に今日という日から生き直す

今日は新しい日だ。過去のために運命を切り開けないことがあってはならない。あなたが過去に何をしたかは重要ではない。重要なのは、今あなたが何をしているかである。

自分をあきらめてはいけない。夢を捨ててはいけない。間違いを犯すかぎり、あなたはまだ生きている。挑戦をつづけるかぎり、まだ希望はある。

3 「ありがとう」から始める

あなたの人生を変えることができるのは、あなただけである。他の誰も代行することはできない。幸せは常に内面から来る。そして、それは過去と折り合いをつけ、未来を楽しみにすることによって、今この瞬間に見いだされる。

毎朝目を覚ましたら、3つのことだけを考えよう。

すなわち、「ありがとう」「ありがとう」「ありがとう」だ。そういう前向きな心の姿勢を維持して、新しい日という贈り物を最大限に活用しよう。

4 痛みをやり過ごす

重要なことだから痛みを伴うのかもしれない。痛みに耐えてこそ自分の世界が広がることもある。痛みは悪いこととはかぎらない。ときにはそれは成長するための一歩なのだ。

5 ネガティブな意見を言う人を無視する

誰もが独特の才能を持っている。他人のあなたに対する意見は、あなたがそれに同意しないかぎり、特に何の意味もない。

Part
6
生産性

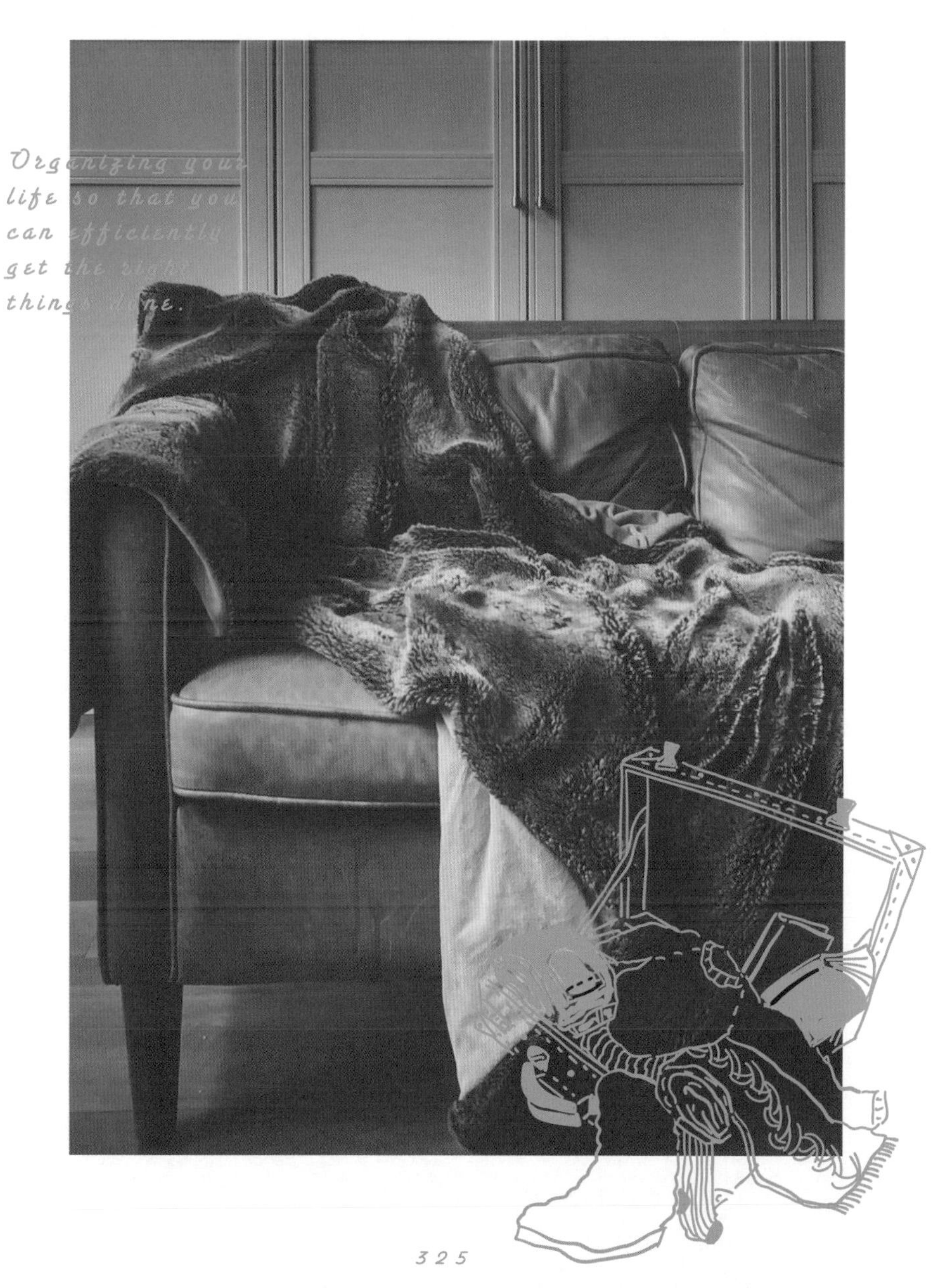
Organizing your
life so that you
can efficiently
get the right
things done.

6 愛を持って生きる

人間のすべての思考、言葉、行動は、恐怖か愛のどちらかに根ざしている。恐怖は病んだネガティブなエネルギーだが、愛は癒やしをもたらすポジティブなエネルギーだ。今日、あなたはどちらの選択をするだろうか。

7 「自分次第だ」をスローガンにする

今後の5年間はあなたの人生において最高の5年間になるかもしれないし、ごくありふれた5年間になるかもしれない。それはあなた次第だ。他人に依存したり責任を転嫁したりせず、自分の人生に全責任を持つと決意したとき、最高の人生が始まる。

8 行動を起こして適切な種をまく

今すぐポジティブな行動を起こして、自分の人生に種をまこう。ただし、どんな種をまくかについては要注意だ。よかれ悪しかれ、いずれそれを収穫することになるのだから。

9 自分が持っているものに感謝する

ときおり人びとは「よりよいもの」を求めて「よいもの」を手放す。しかし、あとになって、「よいもの」が十分によくて、「よりよいもの」がたいしたことがないと気づくことがよくある。

すでに持っているものに感謝しよう。そうすれば、それはますます価値を増す。

10 社会に貢献する

毎晩、「今日も全力を尽くして社会に貢献した」という満足にひたって眠りにつくことができれば、これほど充実した生き方はない。

生産的な人が実行している11のこと

生産性を高めるために何ができるだろうか。次のことから始めてみよう。

1 「しないことリスト」をつくる

これは滑稽に思えるかもしれないが、たとえばFacebookやTwitterを頻繁にチェックしたり、ニュースサイトをランダムに閲覧したりする非生産的な習慣をやめるのに役立つツールである。ふだんよく見る場所に貼っておくといい。

2 整理整頓をする

生産的な人は、必要なものがすぐに見つかって仕事がはかどるように整理整頓を心がけている。整理整頓ができていないと、必要なものを探すのに余計な時間がかかり、集中力が下がる。職場でも自宅でも整理整頓を心がけることは重要である。

3 仕事中は集中力を妨げるものを徹底的に排除する

物事を成し遂げる最も効果的な方法のひとつは、集中力を妨げるものをすべて排除して仕事に専念することだ。ドアを閉めて「邪魔をしないでほしい」と書かれた紙を貼り、電話をオフにし、メールのアプリを閉じ、インターネットの接続を切ろう。いつまでもそんなことはできないが、一定時間内の生産性を2倍にすることができる。仕事に集中できる静かな環境をつくるために、できることはすべてしよう。

4 SMARTな目標を立てる

目標は、具体的（Specific）で、測定可能（Measurable）で、実現可能（Achievable）で、目標と関連性があり（Relevant）、期限付き（Time-bound）でなければならない。

5 目標を細分化する

目標を細分化し、その一つひとつを数時間以内で達成できる現実的な課題にしよう。いずれそれらの小さな課題が大きな目標を達成する原動力になる。

6 脳がスッキリしているときに仕事をし、優先事項から片づける

生産的な人は、すべての時間の価値が同じではないことを知っている。だから一日の計画を立てるときに、その事実を戦略的に取り入れる。

ほとんどの人にとって、熟睡した場合、脳は午前中に最もよく機能する。だからその時間を重要ではないことのために過ごすのはもったいない。脳が最もよく機能する時間帯は、目標に近づくための重要課題に取り組むために最大限に活用すべきだ。

7 忙しくすることではなく生産性を高めることに意識を向ける

物事を成し遂げるためにどれだけ時間をかけたかよりも、結果を出せたかどうかのほうが常に重要である。今、取り組んでいることが、努力するだけの価値があるかどうかを自問しよう。目標に近づくために役立っているだろうか。緊急なように見えても、重要ではない雑用に振り回されてはいけない。

8 ひとつのことに集中する

一度にいくつものことに取り組むのはやめて、重要なことを順番にやり遂げよう。多くのことに取り組んで、どれも中途半端にするより、一度にひとつのことに取り組んだほうが集中できる。一度にいくつものことをしようとすると、かえって効率が悪くなる。

9 90分間隔で働く

仕事術の第一人者として知られるトニー・シュワルツは、「約90分ごとに短い休憩を入れると効率が上がる」と指摘している。肉体と頭脳をうまく使って生産性を高めたいなら、このアドバイスを実行するといい。

10 メールや電話などの問い合わせには時間を決めて対応する

これは、注意力が散漫になるのを避けて、ひとつのことに集中するという考え方とつながる。一日に2回か3回、1回の制限時間を決めてメールや電話の対応をしよう。緊急事態が発生しないかぎり、この習慣に従うべきだ。

11 かかわることの数を制限する

言い換えると、無理なときは、はっきりと「ノー」と言うということだ。一度にいろんなことに手を出すと、すべての活動が停滞し、場合によっては後退しかねない。最も重要なことに意識を集中し、それ以外のことにかかわるのをやめるべきだ。

生産性を高めることに関する質問

◎生産性を高めるために何をやめるべきだろう？

◎挑戦して失敗することと、失敗を避けるために挑戦しないこと、どちらがより悪いか？

◎口先ばかりで実行が伴わないことはないか？

◎今やらなければ、いつやる？

◎あきらめたくなったとき、どうするか？

◎昨日より今日、目標に一歩近づいたことは何？

◎どんな人や行為があなたをワクワクさせる？

◎やめてよかったことは何？

Part 7

目標と成功

目標を設定し、
綿密な計画を立て、
できると確信して
行動を起こせば、
きっとあなたは成功する。

成功者だけが実行している11のこと

成功者だけが実行していることは何か。彼らはどうやって偉業を達成したのか。多くの成功者の著書やインタビューを検証した結果、彼らの大半が生まれつき成功者だったのではなく、能力を存分に発揮するために努力を重ねたことがわかった。誰でも意外と簡単にまねできることばかりなので、ここで紹介しよう。

1 SMARTな目標を設定し追求する

成功者は客観的な視点を重視し、現実的な目標を設定する。彼らは自分が何を求め、なぜそのために努力するのかを知っている。成功者はSMARTな目標を設定し追求する。

前述のとおり、SMARTとは、Specific（具体的）、Measurable（測定可能）、Achievable（実現可能）、Relevant（目標に関連した）、Time-bound（期限付き）の頭文字を並べたものだ。

SMARTな目標を設定すれば、やる気が出て、それを達成する方法を考えたくなるし、そのためのスキルや能力を磨く動機づけになる。いくつかの段階に分けて計画を立てて、時間の制約の中で順序よく進行すれば、ほとんどの目標は達成できる。最初は手が届かないように見えた大きな目標でも、次第に達成に近づいていく。目標が小さくなったからではなく、あなたがその目標を達成するために成長を遂げたからだ。

2 すぐに決断して行動を起こす

悲しいことに、ほとんどの人は自分が夢見ている成功を収めることができない。

いくら知識を身につけても成長しているわけではない。身につけた知識をもとに生き方を変えて初めて成長するのだ。あまりにも多くの人がただ漫然と生きている。実

際、彼らは生きているというより、ただ単に日々を過ごしているだけである。なぜなら、夢を追い求めるために必要な行動を起こしていないからだ。
どんなに高い知能指数を持ち、博士号を取得していても、行動を起こさないかぎり、成長も進歩もせず、何も変えることができない。何かのやり方を知っていることと、実際にそれをすることとでは大きな違いがある。行動を起こさないなら、知識も知性もなんの役にも立たない。
成功は、夢や目標を追求するプロセスに専念する決意をするかどうかにかかっている。だから思い切って行動を起こそう。

3 ただ単に忙しく振る舞うのではなく、生産性を高める工夫をする

周囲を見渡そう。生産性の高い人より、ただ単に忙しく振る舞っている人のほうが圧倒的に多いことがわかる。いつもバタバタしていて、家族と過ごす時間も少なく、睡眠時間も削らざるを得ないのが現状だ。彼らはそうやって自分の重要性を確認して満足しているのだが、それはすべて幻想である。まるでハムスターが回し車に乗って

車輪をくるくる回しているようなもので、まったく前進していない。

その解決策は、優先順位を見直し、重要課題からひとつずつ片づけていくことだ。約90分間、作業に集中したら、少し休憩を入れればいい。それを繰り返そう。時間をかけるより結果を出すほうが大切であることを肝に銘じよう。

4 情報を収集して論理的な決定をくだす

私たちは一時的に平常心を失って、取り返しのつかないことをすることがある。もちろんなんらかの状況では直感に従うことが効果的だが、長い目で見ると、感情的な決定はトラブルのもとになりやすい。平常心を失っていることに気づいたら、冷静さを取り戻すまで待ち、できるだけ多くの情報を収集して論理的な決定をくだすべきだ。

5 完璧に仕上げようとするのではなく、やり遂げることをめざす

多くの人は完璧主義の傾向があり、自分に対して非常に高い基準を設定し、それをめざして膨大な時間と労力を費やす。たしかに素晴らしい出来栄えにしようという情熱は、妥協せずにもっと努力して成果をあげる動機づけになるが、かといって完璧主義に陥るのは禁物である。

多くの人は自分に課した不可能なくらい高い基準を満たせないと失望しやすい。完璧主義に陥ると、新しいことに挑戦したり、始めた課題をやり遂げたりするのが困難になる。細かいことに気をとられるあまり、作業が大きく遅れ、ストレスに苦しみ、かえって不本意な結果につながる。

完璧主義者は課題に取りかかるのに苦労し、それをやり遂げるのにさらに苦労する。そういう人は「自信がない」とか「うまくできていない」などと言い訳をする。結局は完璧に仕上げないと気がすまないのだ。

覚えておこう。世の中は完璧主義者に報酬を与えない。世の中は物事をやり遂げる人に報酬を与える。そして、物事をやり遂げる唯一の方法は、最善を尽くしたら不完全な出来栄えでもいいと割り切ることだ。そうやって何年も練習を重ねて完璧に近づく。だから思い切って行動を起こし、結果から学んで次に生かせばいい。

6 少し背伸びをしてでもチャンスをつかむ

多くの人がチャンスをつかみそこなう最大の理由は、まだ準備ができていないと感じているからだ。言い換えると、チャンスをつかむためには、知識やスキルをもっと身につけ、さらに経験を積まなければならないと思い込んで引っ込み思案になっているのである。皮肉なことに、こういう考え方が成長を阻んで成功を遠ざけている。

現実を直視しよう。チャンスが訪れたときに100%準備ができていると感じている人はいない。なぜなら、人生の大きなチャンスを生かすためには、精神的にも知的にも成長する必要があるからだ。幸い、成功を収めるための大きなチャンスは人生の中で何度も訪れる。突破口を開きたいなら、たとえ100%準備ができていると感じなくても、少し背伸びをしてチャンスをつかむべきである。

7 常に物事をシンプルにする

「シンプルさは究極の洗練である」という名言がある。これほど的を射た言葉はない。現代人は情報が洪水のようにあふれる時代に生きているから、人生設計のための選択肢はいくらでもある。しかし残念ながら、選択肢がたくさんあると、物事が複雑になり、生活に混乱をきたし、行動を起こしづらくなる。

複数のマーケティング調査によると、消費者は多くの選択肢に直面すると、ものを買いにくくなることがわかっている。300の商品から最高の商品を選ぶより、3つの商品から最高の商品を選ぶほうがずっと簡単である。購入の決定が難しいと、多くの人は買わなくなる。それと同様に、人生で多くの選択肢に直面すると、どうしていいかわからなくなる。

その解決策は、常に物事をシンプルにすることだ。選択肢を絞り、その中からうまくいきそうなものを選んで、やってみよう。もしうまくいかなければ、別の選択肢を試せばいい。

8 常に少しずつ改善する

自動車王ヘンリー・フォードは「細かい部分に分ければ、どんなことでも特に難しくはない」と言った。同じことが大きな目標の達成にも当てはまる。小さくてもポジティブな変化を起こすと、めざしている成功のレベルに徐々に近づくことができる。たとえば、毎日、少しずつ食生活を改善するとか、少しずつ運動するといった建設的な習慣を身につけると、ワクワクしながら人生を改善することができる。

9 たえず自分の進み具合を測る

成功者は客観的な視点に立って、たえず自分の進歩を測定している。目標に対して自分がどの位置にいるかを把握し、さらに進歩を加速するには何をする必要があるかを正確に理解している。

要は、自分の大きな目標を見きわめ、それを達成するうえで重要なことを測定することだ。毎週、数字をスプレッドシートに記入し、自分の進歩がわかるように週ごとか月ごとのグラフを作成して、さらに成長に向けて行動を微調整しよう。

10 自分の間違いから学びつつ前向きな見通しを維持する

成功者はポジティブなことに意識を向ける。つまり、いかなる状況でも希望の光を探すのだ。彼らはポジティブな姿勢こそが成功につながることを知っている。だからもし成功したいなら、人生全般に対してポジティブな姿勢を貫く必要がある。人生は

何度も試練を与える。そのときにネガティブな姿勢になってしまうと、目標を達成することはできない。

どんな間違いでも進歩につながることを自分に言い聞かせよう。間違いは重要な教訓を与えてくれる。間違いを犯すたびに目標に一歩ずつ近づく。あなたに損失をもたらす唯一の間違いは、間違いを犯すことを恐れて何もしないことだ。

だからためらってはいけない。ネガティブな姿勢のために自滅しないようにする必要がある。学べることはすべて学んで前進しよう。

11 人生全体のバランスをとる

人生でしたいことを人びとに尋ねたら、「恋愛」「お金儲け」「家族団らん」「幸せ探し」「仕事での成功」と答えるだろう。しかし悲しいことに、多くの人は人生のバランスをとることを忘れがちだ。たとえば、目標の中のひとつかふたつを達成するだけで、その他のことを怠ってしまう傾向がある。

意欲を燃やして仕事に励むことは大切だが、本当の意味での成功を収めたいなら、人生全体のバランスをとる必要がある。ある分野のために他の分野を怠っていると、長い目で見て不満の多い人生につながりかねない。

人生を軌道修正するために今日からやめるべき24のこと

作家のマリア・ロビンソンは「過去にさかのぼって、やり直すことは誰にもできないが、今日から始めて軌道修正することは誰にでもできる」と言った。しかし、そのプロセスを開始するためには、今日からやめるべきことを明確にしなければならない。それを紹介しよう。

1 自分にウソをつくのをやめる

私たちは挑戦することによって初めて人生を切り開くことができる。しかし、挑戦するのを恐れるあまり言い訳をして自分にウソをついてしまうと、いつまでたっても人生を切り開くことができない。

2 自分を犠牲にするのをやめる

他人を愛するあまり自分のニーズをないがしろにし、自分も同じくらい特別な存在であることを忘れてはいけない。もちろん他人を助けることは大切だから、すすんでそうすべきだが、自分を助けることも大切だ。

3 自分でない人になろうとするのをやめる

あなたより賢い人、若い人、容姿がすぐれている人は必ずどこかにいる。だが、その人たちはけっしてあなたではない。他人に好かれたいからといって、自分を変える必要はない。あなたはいつも自分らしくあればいいのだ。やがて適切な人が現れて、あるがままのあなたを好きになってくれる。

4 過去の間違いについて自分を責めるのをやめる

誰もが間違いを犯す。だが、過去にどんなに間違いを犯しても、あなたには未来を切り開く力がある。過去に起きたすべてのことは、来るべき瞬間に備えるのに役立つ。

5 幸せをお金で手に入れようとするのをやめる

私たちがほしがるものの多くは値段が高い。だが、本当に満足が得られるものは完全に無料である。たとえば愛や笑い、情熱がそうだ。

6 自分の幸せを他人に求めるのをやめる

自分の中で幸せを感じていないなら、他人との長期にわたる関係の中で幸せを見いだすことはできないだろう。あなたは他人と幸せを共有する前に、まず自分の人生において幸せになる必要がある。

7 考えすぎるのをやめる

あまり考えすぎると、元々なかった問題をつくり出すおそれがある。状況を冷静に分析し、思い切って行動を起こそう。進歩を遂げることはリスクを伴う。リスクをとるのを恐れているかぎり、進歩を遂げることはできない。

8 間違った理由で他人とかかわるのをやめる

人間関係は慎重に選ばなければならない。悪い人とかかわるくらいなら、一人でいたほうがずっといい。急ぐ必要はない。誰かとかかわるようにできているなら、適切な理由とタイミングで適切な人と縁ができる。特に恋愛において、単に寂しいからという理由で恋愛をしてはいけない。

9 過去の人間関係がうまくいかなかったからといって、新しい人間関係を拒絶するのをやめる

人生では、すべての出会いに目的がある。ある人はあなたに試練を与え、他の人はあなたを利用し、さらに他の人はあなたに教訓を与える。しかし、最も大切な人は、あなたの最もいい部分を引き出してくれる。

10 他人と競争するのをやめる

他人が自分よりすぐれていても気にする必要はない。毎日、自分の記録を破るために全力を尽くそう。成功とは自分との長期にわたる戦いで勝利を収めることだ。

11 他人をうらやむのをやめる

嫉妬とは、自分が得ている恩恵を無視して、他人が得ている恩恵に注目することである。「他人がほしがっているもので、私が持っているものは何か？」と自問しよう。

12 不平を言って自分を哀れむのをやめる

物事が起きたときに、それをすべて理解することはできないかもしれない。実際、それはつらいことかもしれない。だが、過去に起きたさまざまなつらいことを振り返

ると、たいていの場合、それがよりよいことにつながっていたと気づくものだ。

13 他人を恨むのをやめる

他人を恨み、心の中に憎しみを抱きながら生きてはいけない。唯一の解決策は、他人を許すことだ。それは相手のためというより、自分のためである。自分が心の平和を得るためには、他人を恨むのをやめる必要がある。

14 他人のレベルにまで自分を落とすのをやめる

レベルを上げようとしない人のために、自分のレベルを落としてはいけない。

15 自分の立場を弁明して時間を浪費するのをやめる

友人はあなたに弁明を求めないし、敵はあなたの弁明を信じようとしない。だから自分が心の中で正しいと確信することをすればいい。

16 よく考えもせずに同じことばかりするのをやめる

同じことばかりしているなら、これまでと同じ結果しか得ることができない。物事をはっきりと見るには、ときには遠くから眺める必要がある。

17 ささいな瞬間を見落とすのをやめる

ささいなことを楽しもう。いつか振り返って、それが大きなことだったと思うかもしれない。人生の最高の瞬間とは、大切な人と微笑みを交わしたささいな瞬間のことを言う。

18 自分が完璧であるかのように振る舞うのをやめる

自分が完璧であるかのように振る舞って人生を送るより、自分が完璧ではないことを受け入れて人生を送ろう。

19 安易な道を選ぶのをやめる

価値のあることを成し遂げようとしているとき、人生はそうたやすくはない。安易な道を選ぶのではなく、あえて困難な道を選んで有意義なことに挑戦しよう。

20 無理をしてすべてがうまくいっているかのように振る舞うのをやめる

しばらく落ち込んでも構わない。いつも強そうに振る舞う必要はどこにもなく、すべてがうまくいっていると常に証明する必要もない。他人にどう思われているかを気にするべきではない。泣きたければ泣けばいいのだ。涙を流すことは健全である。それをするのが早ければ早いほど、より早く再び笑顔になれる。

21 すべての人を喜ばせようとするのをやめる

すべての人を喜ばせるのは不可能だし、そんなことをしようとしても疲れるだけだ。たった一人を喜ばせれば、世界を変えることができる。それは全世界ではないが、相手の世界を変えることができる。だから喜ばせる相手を厳選しよう。

22 過度に心配するのをやめる

心配したからといって明日の重荷が軽くなるわけではなく、今日の喜びが消えるだけである。

心配するだけの価値があるかどうかを確かめるひとつの方法は、「これは1年後、3年後、5年後も重要なことだろうか?」と自分に問いかけることだ。

23 起きてほしくないことに意識を向けるのをやめる

起きてほしいことに意識を向けよう。ポジティブ思考は、サクセスストーリーの基本である。

毎朝、今日は素晴らしいことが起きると思って目を覚まし、そういう気持ちで一日を送るなら、それはたいてい正しいことがわかるだろう。

24 感謝せずに生きるのをやめる

現状がどうであれ、毎日、人生に感謝しながら目を覚まそう。恵まれていないことについて考えるのではなく、恵まれていることについて考えてみよう。

人生を軌道修正するために今日から始めるべき24のこと

すぐ前の「人生を軌道修正するために今日からやめるべき24のこと」はブログで発表して好評を博したが、数人の読者からその逆バージョンである「今日から始めるべきこと」をリストアップしてほしいという要望があった。それを紹介しよう。

1 今日から、自分のためになる人と一緒に過ごす

一緒にいて楽しい人、愛情を注いで大切にしてくれる人、励まして希望を持たせてくれる人、ワクワクさせてくれる人と一緒に過ごそう。その人たちは生きる喜びを与えてくれ、あなたをあるがままに受け入れてくれるだけでなく、あなたがなりたい人

を体現している。

2 今日から、本当の自分で生きる

何が正しいか、何を変える必要があるかについて正直になろう。何を成し遂げたいか、どんな人になりたいかについて正直になろう。自分の心の奥を探り、本当の自分を知ろう。そうすれば今の自分がどうやってここに来たのかが理解できるし、これからどこに行きたいのか、どうすればそこに行けるかがわかる。

3 今日から、誇りを持って自分らしく生きる

自分以外の人になろうとすると、あなたという人間を台無しにすることになる。自分らしくなろう。他の誰とも違う、素晴らしい個性を持った自分に誇りを持とう。なれる最高の自分になろう。

4 今日から、今この瞬間に生きる

今この瞬間は奇跡であり、あなたに保証された唯一の瞬間だ。だから未来がどれだけ素晴らしいかを夢想するのはやめよう。過去にしたことやしなかったことにこだわるのはやめよう。今この瞬間に生き、リアルタイムで人生を経験しよう。今この瞬間、世界の美しさを堪能しよう。

5 今日から、自分にもっと丁寧に接する

あなたがふだん心の中で自分に話しかけているのと同じようにあなたに話しかけてくる人がいたら、その人と友人でいられるだろうか。あなたが自分を大切に扱わないなら、たぶん誰もあなたを大切に扱ってくれない。

6 今日から、すでに持っているものを楽しむ

人生のあるレベルに到達したら、幸せになれると思っている人があまりにも多い。たとえば、高い地位や豪邸を手に入れたら、幸せになれると思っている人がそうだ。

しかし残念ながら、それを手に入れるまでに相当な時間がかかるし、たとえ手に入れても、さらに別のものがほしくなる。結局、すでに持っているものを楽しまず、次々と新しいものを手に入れるために生涯を費やすことになる。

そこで今日から毎朝、すでに持っているものに感謝して一日をスタートしてみよう。人生がまったく違ったふうに見えてくるはずだ。

7 今日から、自分の幸せをつくり出す

他人に幸せにしてもらえるのを待っているなら、膨大な時間を浪費している。すすんで微笑もう。自分で幸せをつくり出そう。自分で変化を起こそう。今の自分に幸せ

を感じ、希望に胸をふくらませて元気よく前進しよう。その気になれば、幸せはいつでもどこでも見つけることができる。

8 今日から、思い切って自分のアイデアを試す

やってみたら成果が得られるとはかぎらないが、何もしなければ成果は得られない。迷っているなら、たいていの場合、思い切ってやってみるべきだ。成果を得るか、次回に生かすか、どちらかである。

9 今日から、もうすでに準備ができていると信じる

あなたはもうすでに準備ができている。考えてみよう。今、あなたは小さくて現実的な一歩を踏み出すために必要なものをすべて持っている。だから、訪れたチャンスを生かし、試練を受け入れよう。それはあなたの成長に役立つ贈り物である。

10 今日から、出会った人にチャンスを与える

うまくいかなくなった古い人間関係を断ち切る一方で、新しい人間関係の可能性を模索しよう。自分の判断力を信頼しよう。自分の人生を永遠に変えるかもしれない人と出会う準備をしよう。

11 今日から、これまでの自分と競争する

他人から学ぶことは大切だが、彼らと競争するのは時間の無駄であることを肝に銘じよう。あなたの競争相手はたった一人しかいない。それは自分自身だ。今日から最高の自分になるために奮起し、自分の記録を塗り替えるために全力を尽くそう。

12 今日から、他人を祝福する

他人のいいところに気づき、それを本人に伝えよう。周囲の人の素晴らしさに感謝すると、生産的で充実した平和な環境をつくることができる。他人を祝福すれば、遅かれ早かれ、その人たちもあなたを祝福してくれる。

13 今日から、自分と他人を許す

私たちはみな、自分の決定や他人の言動に傷つけられた経験を持っている。その経験のために苦しむのは仕方ないが、ときにはその苦しみが長く尾をひいてしまう。そして、心の中で何度もその苦しみを再現し、それをなかなか忘れることができない。悪い決定をした自分を許そう。思慮に欠ける言動をした他人を許そう。最も大切なのは、過去のさまざまな経験から学んで成長することだ。

14 今日から、周囲の人を助ける

周囲の人を助けよう。助ければ助けるほど、その人たちはあなたを助けたくなる。他人への愛と親切は、他人からの愛と親切につながる。

15 今日から、心の声に耳を傾ける

自分の将来について周囲の人と相談することは大切だが、最終的には自分の心の声に耳を傾けよう。心の中で正しいと思うことをしよう。

16 今日から、疲れたら短い休憩をとる

疲れたら少しペースを落とそう。多忙をきわめているとき、少し休憩をとると脳が活性化して生産性が上がる。この短い休憩は、自分の行動が目標に合致しているかど

うかを確認するのにも役立つ。

17 今日から、何気ない瞬間の素晴らしさに気づく

日常生活の中の小さなことに幸せを見つけよう。たとえば、コーヒーを飲んでくつろぐ、食事を楽しむ、誰かと語り合う、といったことだ。このような何気ない瞬間の素晴らしさに気づくことが、人生の質を大きく高める。

18 今日から、不完全なものや人を受け入れる

私たちの最大の試練のひとつは物事をあるがままに受け入れることである。世の中のあらゆるものや人を理想に近づけようとするより、それらをそのまま受け入れたほうがいいこともある。

言い換えると、それを愛して大切にすべきだということだ。

19 今日から毎日、目標に向かって取り組む

千里の道も一歩から、という格言を肝に銘じよう。どんな夢を持っているにせよ、今日から毎日、それを実現するために小さな努力を積み重ねよう。とにかく行動を起こそう。正しい努力をすればするほど、幸運に恵まれる。

しかし残念ながら、自分の道を貫こうと決意しても、正しい努力をする人はわずかしかいない。正しい努力とは、最終結果を手に入れるために合理的な方法で取り組むことである。

20 今日から、心の痛みを周囲の人に打ち明ける

傷ついているなら、心の痛みを隠さずに親しい人に打ち明けよう。自分の感情を正直に伝えて、話を聞いてもらうのだ。そうやって自分の胸のつかえをおろすと、すっきりして再び元気が出てくる。

21 今日から、重要な人間関係を積極的にはぐくむ

大切な人に深い感謝の気持ちをたえず言葉で伝えることによって、自分の人生と相手の人生に喜びをもたらそう。すべての人を喜ばせることはできなくても、わずかな人を喜ばせることはできる。その人たちを王侯貴族のようにもてなそう。あなたに必要なのは大勢の友人ではなく、心を許し合えるわずかな友人である。

22 今日から、コントロールできることに集中する

すべてのことを変えることはできないが、何かを変えることは常に可能である。コントロールできないことに時間と才能と労力を浪費すると、不満がたまるばかりで、みじめな思いにさいなまれる。コントロールできることに時間と才能と労力を投資し、今すぐそれにもとづいて行動しよう。

23 今日から、ポジティブな結果にフォーカスする

自分にポジティブに話しかけ、ネガティブな思考をポジティブな思考と取り換えよう。どんな状況でも、起きてほしいことに意識を向けよう。自分の身に起きるすべてのことをコントロールすることはできないが、どう反応するかはコントロールできる。誰の人生にもポジティブな側面とネガティブな側面があり、長い目で見て、幸せな成功者になれるかどうかは、どちらの側面に意識を向けるかに左右される。

24 今日から、自分の豊かさに気づく

豊かさとは、人生を存分に楽しむ能力のことである。たとえ厳しい時期でも、物事を広い視野で見ることが常に重要だ。昨夜、あなたは腹を空かせて眠りについたわけではない。野宿を強いられたわけでもない。今朝、どんな服を着るかを選ぶことができた。一部の人からすると、あなたは信じられないくらい豊かなのかもしれない。

30日間で成長するための30の挑戦

科学者たちは「意志の力が少しあれば、30日間で新しい習慣を定着させることができる」と主張している。新しいことを習得するときはいつもそうだが、初期の段階をうまく乗り切れば、戦いは8割がた優位に進む。だから少なくとも30日間、毎日、小さくてポジティブな変化を起こすことが重要だ。

小さく始めるために大きなモチベーションはいらない。とにかく始めるだけで勢いがつき、すぐに次々と変化を起こすことができる。

30日間で成長するための30の挑戦を紹介しよう。しっかり実行すれば、新しいポジティブな習慣を定着させるのに役立つ。

一気に取り組む必要はなく、これからの30日間、2つから5つを選んで試してみよう。そして、それがうまくいけば、次の月に別の数項目を試せばいい。

1 幸せを実感するような言葉を使う

誰かに「元気ですか?」と尋ねると、「はい」とか「まあまあ」という答えが返ってくることが多い。ところがある日、新しく出会った人が「絶好調です」と答えた。その理由は、「私を含めて家族全員が健康で、しかも自由を楽しんでいる。幸せでない理由はどこにもない」からだという。この人の心の持ち方と言葉の使い方に強い感銘を受けた。必ずしも他の人たちより恵まれているわけではないが、他の人たちより何倍も幸せに見えた。これからの30日間、ポジティブな言葉を使ってみよう。

2 毎日、新しいことをやってみる

新しいことをすると人生に彩りを与えることができる。初めての経験は一回きり

だ。しかも、心の中に生涯にわたる大きな形跡を残すことがよくある。毎日、新しいことをやってみよう。実際にやってみると、新しい経験の多くは人生を変えるきっかけになる可能性がある。

3 毎日、見返りを求めずに他人のために行動する

人生では、自分のしたことが自分に返ってくる。だから他人の人生に好影響を与えると、自分の人生にも好影響をもたらす。他人が幸せな気分になることをしよう。自分がとても幸せな気分になること請け合いである。もしかしたら永遠の思い出になるかもしれない。

4 毎日、新しいスキルを学んで実践する

自分の力で物事を行い、自らの尊厳を保つことは、健全で生産的な人生を送るための重要なカギである。それを実現するためには、基本的なスキルを一通り身につけ、

それを実践しなければならない。たったひとつのスキルを身につけるより、いくつものスキルを身につけるほうがずっといい。しかも、新しいスキルを学ぶことはとても楽しい。

5 毎日、新しいことを誰かに教える

誰もが生まれつきの才能を持ち、それを発揮して周囲の人を助けることができる。自分にとっては簡単なことでも、他の人たちにとっては非常に難しいことがある。ところが私たちは自分の才能を軽んじる傾向があるため、その価値にほとんど気づかず、それをめったに他人と共有しない。これからの30日間、自分の才能を誰かと共有するために時間を割こう。

6 嫌いな人を含めて、すべての人に丁寧に接する

嫌いな人に丁寧に接したからといって、見せかけだけの人間ということにはならな

い。それは自分の感情をコントロールできる大人の証しである。すべての人に敬意を持って親切に接しよう。たとえ相手が無礼者であっても、である。なぜなら、あなたは善良な人だからだ。

7 常に楽観主義であるように努める

人生の真の勝者は楽観主義をはぐくむ。自分の幸せをつくり出す能力を持っている。どんな状況に置かれても、楽観的な姿勢を維持する方法を見つける。失敗は人生の教訓を学び、成長するための機会であることを知っている。楽観的なものの見方をする人は、厳しい状況下でも次々とチャンスをつかむ。毎日、物事の明るい面を見ることを心がけよう。

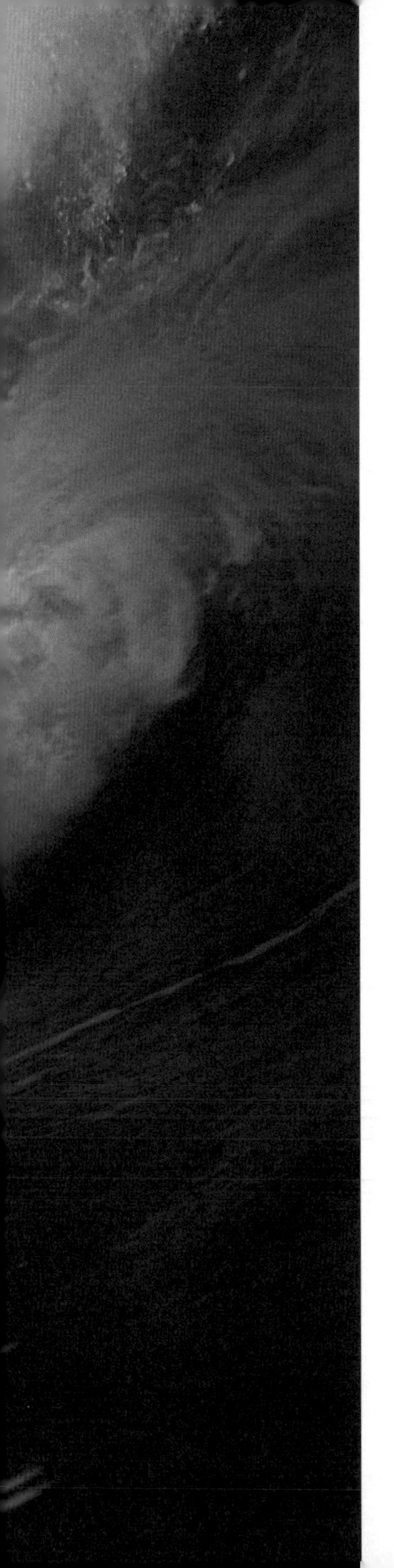

8 毎日、情熱を感じることに1時間取り組む

自分が情熱を感じることをしよう。仕事や趣味、社交など、どんなことでもいい。その活動は日々の生活に幸せをもたらす。

9 うまくいっていない状況でも そこにヒントを見出して次に生かす

自分の身に起こるあらゆることが人生の教訓であることを肝に銘じよう。出会う人や遭遇する状況は、人生の学びになる経験だ。教訓を見つけることを忘れてはいけない。仕事や人間関係がうまくいかないときは特にそうだ。30日間、得た教訓を日記に書いてみよう。

10 今この瞬間を生きる

あなたは人生のどれくらいを、本気で生きているだろうか。ほとんどの人は「そんなに多くない」と答えるだろう。覚えておこう。今この瞬間は、あなたに保証された唯一の瞬間だ。これからの30日間、本気で今この瞬間を生きよう。

11 毎日ひとつ、いらないものを捨てる

職場でも家庭でも、私たちはあまりにも多くの不要品に囲まれている。ところが、それにすっかり慣れているので、自分が精神的にどんな影響を受けているか気づいていない。不要品を捨てれば、精神面の乱れはかなり解消するはずである。

毎日、いらないものをひとつ選んで、それを捨てよう。最初は抵抗を感じるかもしれないが、しばらく片づけをしているうちにすっきりした気分になり、それだけの努力をした自分に感謝したくなるだろう。

12 新しいものを創造する

イノベーションを起こすと大きな充実感を得ることができる。ただし、それは自分にとって意味のあることでなければならない。

しばらく新しいものをつくり出していないなら、創造性を発揮して挑戦しよう。

13 絶対にウソをつかない

これは意外と難しいが、やればできる。自分と他人にウソをつかず、常に真実を貫こう。

14 毎朝、30分早く起きる

毎朝、大慌てしないために、ふだんより30分早く起きよう。その30分で、スピード違反や遅刻、その他のストレス要因を防ぐことができる。実際にやってみて、それが人生にどんな影響を与えるかを確かめよう。

15 3つの悪い習慣を改める

あなたはどんな悪い習慣を持っているだろうか。自分の3つの悪い習慣を見きわめ

て、それを改めよう。たとえば、ファストフードを食べすぎたり、ビデオゲームに熱中したり、頻繁に兄弟げんかをしたりするのは、明らかに悪い習慣である。

16 毎日、テレビを見るのを30分以内にする

現実世界の経験を楽しもう。興味深い人生経験をすると素晴らしい思い出になる。だからテレビを消して外に出よう。世の中と交わり、自然とふれあい、シンプルな喜びにひたり、目の前で展開する人生を楽しもう。

17 ひとつの長期的な目標を決め、毎日、それに1時間だけ取り組む

目標を細かく分けて、一回にひとつずつ達成することに集中しよう。要はコツコツ積み上げていくということだが、最初の一歩を踏み出すのが最も難しい。

毎日1時間、達成したかったことのために費やそう。大きな目標を細分化して、それを少しずつ片づけていこう。

18 毎日、良書の1章を読む

ネット上には膨大な情報があふれているが、本は心の扉を開けてくれる。良書を厳選して毎日少なくとも1章を読み、その習慣をつづけて最後まで読み通そう。

19 毎朝、自分を勇気づけてくれるものを見たり読んだりする

朝起きて自分を勇気づけてくれるものがあれば、ときにはそれで十分である。朝食をとる前か家を出る前に、モチベーションを高める動画を見るか、勇気づけてくれる文章を読もう。

20 毎日、昼食後に笑いたくなることをする

面白い動画をYouTubeで見よう。ネットで人気のある漫画やジョークを読もう。

笑うと脳が活性化され、心身にエネルギーがみなぎる。そのための一番いいタイミングは昼食後に少し眠くなったときだ。

21 30日間、アルコールや薬なしで過ごす

アルコールや薬のヘビーユーザーなら、いきなりそれをやめるのはおすすめできない。医師に相談して徐々に量を減らすといい。だが、もしそれほどのヘビーユーザーでないなら、30日間きっぱりとやめよう。

22 毎日30分間、運動をする

健康づくりを怠ってはいけない。健康は人生の基盤である。適度な運動をする習慣をふだんの生活に取り入れよう。

23 毎日、恐怖心と向き合う

私たちは失敗を恐れがちである。恐怖心を打ち負かす最善の方法は、それと向き合うことだ。恐怖心は危険を警告することによって私たちを導いてくれる。毎日1時間、道を切り開くために恐怖心と向き合おう。

24 毎日、新しいヘルシーな料理をつくる

料理は脳を刺激する喜びに満ちた作業であり、適切に料理をつくれば、体に不可欠な栄養を摂取できる。毎日、料理の本を研究して新しいヘルシーなレシピに挑戦しよう。

25 毎晩10分間、今日うまくいったことを振り返る

毎晩10分間ほど時間を割いて、その日の小さな成果について振り返ろう。このポジティブな習慣は、ふだん得ている小さな恩恵を思い起こし、人間としての成長を祝福するのに役立つ。

26 毎日、いろんな人と交流する

人間は興味深い生き物で、考え方が完全に同じ人はいない。だから、いろんな人と交流することで興味深いものの見方を知ることができる。ふだん付き合いのない人とも積極的に交流し、新しい考え方を学ぼう。

27 借金を完済し、新たな借金をしない

収入の範囲内で生活しよう。必要のないものを買ってはいけない。大きな買い物をするときは、じっくり考えよう。予算を決めて、それを守ろう。30日間、現金で買い物をし、収入と支出をしっかり管理しよう。

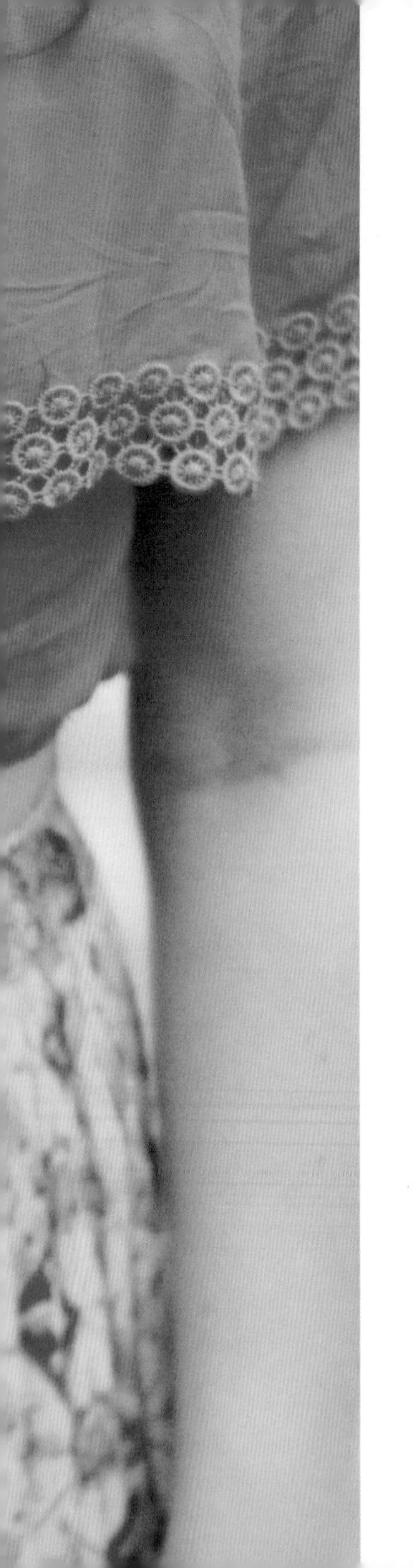

28 毎日、1枚の写真とその感想を保存する

これからの30日間、その日の興味深い瞬間を写真に収め、就寝前に短い感想を書いてパソコンやスマホに保存しよう。

忘れてしまうような瞬間でも写真と文章を残しておけば、あとで振り返ったときに、とてもよい思い出になる。

AUTO
Focus
YASHICA LENS 38mm 1:2.8
FOCUS LOCK
ASA

29 自分をたびたび傷つける人との関係を断ち切る

自分を愛してくれている人、やる気にさせてくれる人、励ましてくれる人、幸せにしてくれる人との関係を大切にしよう。

どれにも該当しない人がいるなら、その人との関係を断ち切り、新しいポジティブな人間関係を築くための余地をつくろう。自分をたびたび傷つける人を見きわめ、その人との関係を徐々に断ち切ろう。

30 大切な人を許して、もう一度チャンスを与える

よい人間関係がプライドや口論のために終わってしまうことがある。しかし、もしその相手があなたにとって大切な人なら、その人を許し、必要なら謝罪をして、もう一度チャンスを与えよう。その人との関係を修復して、新しい扉を開けよう。

非常に基本的だけれど忘れがちな10の成功法則

私たちはあくせくするばかりで成果をあげられずに苦しむことがよくある。その原因は、基本的な成功法則を忘れてしまっていることにある。それをざっとおさらいしてみよう。

1 あなたの成功の原動力はあなた自身である

最高の人生は、他人に頼らず、他人のせいにしないと決めた日から始まる。あなたは自分の未来の担い手である。道を切り開くことができると心から信じよう。それはときには難しいかもしれないが、安易な道を選んではいけない。安全策をとって退屈な人生を送っても、幸福や成功はおぼつかない。

2 既存の方法を改良すればいい

成功するために新しい方法を思いつく必要はない。たしかにそれは成功を収めるひとつのやり方ではあるが、必要なことではない。なぜなら、それは成功のための最も険しい道だからだ。実際、多くの人は既存の方法を少し改良して成功を収めている。

3 行動しなければ進歩しない

今日始めなければ、明日それをやり遂げることはできない。素晴らしいアイデアの多くは日の目を見なかった。なぜなら、それを思いついた天才的な人たちが行動しなかったからだ。行動しなければ、失敗する確率は常に100%である。だから今すぐ行動を起こし、正しい方向に向かっていこう。いったん始めれば、次の一歩は簡単になり、達成するのは不可能だと感じていたことが現実になり始める。

4 粘り強さが道を切り開く

たいていの場合、ヒットを飛ばすには1回ではなく何回もバットを振る必要がある。だからワンストライクであきらめてはいけない。

川の水が岩を削るのは、一瞬の水の勢いではなく、長期にわたる水の流れによるものである。

5 集中力がすべて

何かに集中しないなら、それについて100%効率的になることはできない。一度にたくさんのことをしようとすると効率的に見えるかもしれないが、一つひとつのことを処理する効率はたいてい落ちる。

6 失敗するたびに成功に近づく

失敗するのが怖いという理由で、すべきことをしなかったと嘆いている高齢者がとても多いが、あなたはそうなってはいけない。とにかく行動を起こし、途中ですすんで失敗して学習しよう。いきなりうまくいく人はめったにいない。実際、ほとんどの人は何度も失敗する。もし今日したことがうまくいかなかったら、明日は違うやり方で再挑戦するといい。失敗するたびに成功に近づいたと考えよう。

7 ポジティブな心の姿勢が生産性を高める

成功はポジティブなエネルギーからくる。周囲の人のネガティブな心の姿勢に足を引っ張られる可能性もあるが、自分でポジティブなことをしようと決意することもできる。その選択はあなた次第だ。成功者はポジティブな心の姿勢を存分に発揮して厳しい状況を打開する。

8 「できる」と信じなければならない

あなたは「その気になればなんでもできる」と信じなければならない。それは夢を持つことから始める。そして自信を持てば、夢は信念になる。そして期限をつければ、明確な目標になる。そして行動を起こせば、それは人生の一部になる。そして強い決意を持ち、時間をかければ、夢は現実になる。

9 他人にも恩恵を与える

成功者は他人を助けるための画期的な方法を思いつく。それは他人に恩恵をもたらすだけでなく、その人自身にも恩恵をもたらす。だからもし自分が成功したいなら、他人に恩恵をもたらすことを考えなければならない。

10

成功は小さな努力の積み重ねである

個人や組織は成功してしまうことがよくある。個人は怠け者になりやすく、組織は弱点やライバルのために衰退しやすい。持続的な成功を収めるためには、たとえ誰もその必要性を感じなくても、たゆまぬ改善に努めなければならない。

Success is a journey of countless baby steps.

週末に自分に問うべき20のこと

内省は進歩に不可欠である。内省の効用を最大化したいなら、週末に次の20の質問を自分に投げかけよう。

1. 今週、何を学んだか？
2. 今週の最大の成果は？
3. 今週の最高の瞬間は？
4. 来週の最大の課題は？
5. 来週のストレスを軽減するために、今できることは？
6. 来週に悪影響をおよぼすおそれのあることは？

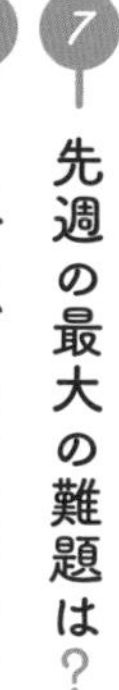

7 先週の最大の難題は？

8 自分はどんな重荷を背負っているか？

9 ずっと避けてきたが、する必要のあることは？

10 来週、どんなチャンスが待っているか？

11 ずっと話したかった人は誰か？

12 心からお礼を言うのにふさわしい相手は誰か？

13 来週、他人を助けるにはどうすればいいか？

14 次の3年間の3つの最大の目標は？

15 自分の最近の行動は目標に近づくのに役立ったか？

16 目標に近づくための次の一歩は？

17 来週、楽しみにしていることは？

18 自分が恐れていることは？

19 最も感謝していることは？

20 あと1週間しか生きられないなら、誰と一緒に過ごしたいか？

目標と成功に関する質問

◎これからの5年間で達成したい最大の目標は？

◎自分の間違いから教訓を学べるのに、なぜ間違いを犯すことを恐れるのか？

◎かつては怖かったが、今はもう怖くないことは？

◎どんな間違いをたびたび犯しているか？

◎失敗する恐怖のために、挑戦するのをためらっていることは？

◎どんなことでも学べるとしたら、それは何か？

◎死ぬまでつづけたいことは？

◎今までにもらった最高のアドバイスは？

◎とにかくやってみるべきことは何？

◎前進するためにやめるべきことは？

Part 8

シンプルな生き方

元来、人生は複雑ではない。
私たちが人生を複雑に
しているだけである。
間違ったことをやめて、
正しいことをすれば、
人生はシンプルになる。

自分に言うべき12のこと

次の言葉を言うことができるなら、あなたはうまくいっている。しかし、もしうまくいっていなくても、このような言葉が言えるように心がけるべきだ。

1 「私は自分の心に従っている」

自分が送りたい人生を送ろう。なりたい自分になろう。自分の心に従って決断をくだし、それにもとづいて行動しよう。間違いを犯して倒れても、再び挑戦しよう。たとえ千回失敗しても、「もし挑戦したら成功したかもしれない」と悔やまずにすむ。少なくとも、夢の実現のために全力を尽くしたことに満足することができる。

2 「私は自分を誇りに思っている」

あなたは自分にとって最高の親友であると同時に最大の批判者でもある。他人がどう言おうと、最終的に大切なのは自分をどう思うかである。

3 「私は社会に貢献している」

あなたはあなたなりの方法で社会に貢献している。自分が社会に貢献しているという事実を正しく認識しよう。

4 「私は幸せであることに感謝している」

幸せは、ものの見方に大きく左右される。自分と世の中をポジティブに見て、常に感謝の気持ちを持つことが重要である。

5 「私はなれる最高の自分になりつつある」

向上心を持って欠点の改善に努めよう。自分の心身を大切にし、なれる最高の自分になろう。

6 「私は自分の時間を大切にしている」

時間にはお金で測れない大きな価値があるが、誰にでも無料で与えられている。とはいえ、いったん浪費してしまうと、取り戻すことは絶対にできない。すぐに行動を起こそう。ぐずぐずするには人生はあまりにも短い。時間を大切にしないと、それはすぐに過ぎ去り、人生の終わりに近づいてしまう。

7 「私は自分に正直である」

人生のあらゆる側面で常に正直になろう。あなたは自分がいつも頼りにできる、唯一の人物なのだから。

8 「私は大切な人たちに親切にしている」

家族や親友に「愛している」と最後に言ったのはいつだろうか。多忙なスケジュールの合間を縫って短時間でも誰かと一緒に過ごすと、相手を大切に思っている気持ちが伝わる。多くの場合、相手に対する本当の気持ちを表現するのは単なる言葉ではなく実際の行為である。

9 「私は無償の愛がどんなものかを知っている」

相手が恋人であれ、子どもやその他の家族であれ、見返りを求めずに愛情を注ぐことが、無償の愛の絶対条件である。無償の愛を貫くことは、喜びにあふれた素晴らしい経験だ。無償の愛は、困難な状況でも私たちの心をときめかせる強力なエネルギーである。

10 「私は自分を傷つけた人たちを許す」

他人を恨むことは、自分の幸せを台無しにすることである。人生の素晴らしさが目に入らなくなるからだ。

他人を許すことは、自分を解放することである。不要な重荷を取り払うことができるからだ。

11 「私は自分の人生に全責任を持つ」

あなたは自分の人生の結果を直接コントロールできる、唯一の人物である。もちろん、それは簡単とはかぎらない。誰もが人生でさまざまな障害に遭遇するからだ。

しかし、あなたは自分が置かれた状況に全責任を持ち、すべての障害を乗り越えなければならない。そうしないかぎり、生涯にわたって単に存在しているだけである。

12 「私は後悔していない」

これは、ここまでの11項目をすべて実行した結果である。

自分の心に従い、自分に正直になり、幸せを感じることを行い、笑顔にさせてくれる人と過ごし、人を愛し、愛を言葉で伝え、できるかぎり人を助け、持っているすべてのものに感謝し、自分の小さな勝利を祝福し、間違いから学び、あらゆることを教訓とみなし、人を許し、自分の人生に全責任を持とう。

I have no regrets.

今日、実行すべき12の素晴らしいこと

今日、人生をより幸せで充実感にあふれたものにするために何を実行すべきか？　これは最もよくある質問なので、少し掘り下げた結果、12の簡単な方法が見つかった。それを紹介しよう。

1　笑う

相手が笑うのを待つのではなく、笑い方を相手に示そう。心のこもった笑顔は、あなたを含めてすべての人の気分をよくする。

微笑むというシンプルな行為は、自分が幸せであるというメッセージを脳に伝え

る。あなたが幸せなとき、脳は高揚感や満足感をもたらすエンドルフィンを放出する。この反応は多くの研究で何度も証明されている。要は、微笑むと本当に幸せな気分になるということだ。

2 すべての人に敬意を持って親切に接する

敬意の対象は階級とは関係ない。すべての人に敬意を持って親切に接するべきだ。人びとはあなたのやさしさに気づいて感動するだろう。

3 他人のための行動をする

人生では、他人に与えたものを得ることができる。だから他人の人生に好影響をおよぼすと、自分の人生にも好影響をおよぼすことになる。

今日、他人を幸せにする行動をしよう。それはきわめて充実感にあふれた経験になるはずだ。おそらく永遠に記憶に残る経験になるだろう。

4 自分を不幸にする人たちを避ける

誇りに思える人、尊敬できる人、あなたを大切にしてくれる人と一緒に過ごそう。その人たちはあなたをより幸せな気分にしてくれる。

一方、ネガティブな人からはできるだけ遠ざかろう。あなたを不幸にする人たちと一緒に過ごすには人生はあまりにも短い。

5 うまくいきそうなことだけ考える

うまくいかないかもしれないことを恐れるのをやめて、うまくいくかもしれないことを考えよう。

もっといいのは、すでにうまくいっていることについて考えることだ。夜が明けて朝になったこと、知人が親友になったこと、夢が現実になったことに感謝しよう。このポジティブな心の姿勢を生かして、さらに明るい明日を迎えよう。

6 身のまわりに愛を振りまく

自分がしている仕事を愛し、住んでいる地域を愛し、一緒に過ごしている人たちを愛そう。これが幸せを見つける方法だ。

7 決定にもとづいて素早く行動を起こす

年をとって知恵がつくと、自分が何を必要とし、何を必要としていないかがわかるようになる。

いったんそれがわかったら、いつまでも迷っているのではなく、素早く行動を起こそう。

8 決定をくだすときに自分の直感に従う

自分の直感に従うとは、自分が正しいと感じることをすることだ。いずれ時間が明らかにしてくれるが、私たちの直感はめったに間違っていない。だから他人にどう思われようと心配せず、自分らしい生き方をすればいい。

9 自分が信じていることに取り組む

自分にとって重要な目標を先延ばしにしたり断念したりしてはいけない。明日がまだあるからではなく、明日はもう来ないかもしれないからだ。

10 新しい人と出会う

人生は思っているよりも短い。だから今日、自分の心に従おう。

ほとんどの人は友人たちの狭い輪の中で閉じこもりがちだが、それでは成長に役立たない。積極的に外に出て新しい人と出会おう。きっとその人たちがもたらす教訓とチャンスに驚くだろう。

11 定期的な運動と健康的な食生活を心がける

自分の体を大切にすることは、幸せを感じるうえでとても重要である。体調がよくなければ、精神的にも不調をきたしやすい。

定期的な運動と健康的な食生活を心がけている人は、人生に対する満足度が高く、大きな自信を持っている。

12 人生を探求する

できるだけ多く経験を積み、学習し、知識を吸収しよう。素晴らしいチャンスが訪れたときに、その知識を活用しよう。

12 Amazingly Achievable Things to Do Today

よい人生のための10のアファメーション

自分への肯定的な声かけ

よい人生とは、積極的に行動し、目標を達成し、よく笑い、他人に思いやりを持ち、よい人間関係を築き、精神的遺産を残し、幸せをかみしめることである。今日から次のアファメーションを実行してみよう。

1. 私は完璧ではないし、完璧をめざそうとしない。
2. 私はすべての人を満足させることはできないし、そうしようとしない。
3. 私は自分が信じていることを実行する。
4. 私は自分の課題に優先順位をつけて、重要課題から取りかかる。
5. 私は友人を慎重に選ぶ。

6 私はできるかぎり他人を助ける。

7 私はポジティブなことに意識を向ける。

8 私はいい意味で自分らしさを大切にする。

9 私は今この瞬間を生きる。

10 私は挫折を乗り越えて前進する決意をする。

あなたが変われば、周囲の世界も変わる。

毎朝、素晴らしいことが起きると思いながら目覚めるなら、たいていそのとおりになる。ただし、その逆も真実である。どちらを選ぶかは、あなた次第だ。

◎あなたが費やしている時間の中で、減らすべきことは？
◎心地よさを感じることは？
◎思わず微笑みたくなることは？
◎人生でもっとすべきだったと後悔する可能性があることは？
◎90歳になったとき、自分にとって最も大切なものは？
◎朝目覚めたら、今日は何をしたい？
◎どんな人物になりたい？
◎人生で大好きなことは？
◎毎日、楽しみにしていることは？
◎すぐに気分がよくなることは？

Part 9

希望

やがて道が開けて
人生がうまくいく
という強固な
信念を持とう。
たとえ今日は
うまくいかなくても、
明日は必ず
うまくいくと信じよう。

人生を切り開くために避けるべき5つのこと

1 他人にどう思われるかを気にすること

他人にどう思われるかをたえず気にして、生涯を送ってはいけない。結局、それでは成果はあまりあがらない。他人にどう思われるかを気にせず、やりたいことをやってみよう。

2 自分の気持ちを信頼しないこと

いやな感じがしたら、すぐにその場を立ち去ろう。それを理論的に説明する必要はない。常に自分の気持ちを信頼しよう。

3 失敗は成功の反対だと考えること

失敗は成功の反対ではなく、成功へのプロセスの一部である。失敗から学べば成功につながるからだ。

4 自分を変えなければならないと考えること

自分を変える必要はない。人びとはあるがままのあなたを愛してくれる。そうでない人がいたら、放っておけばいい。

5 去っていった人たちにしがみつくこと

人間関係に失敗はない。なぜなら、あなたの人生にかかわるすべての人が貴重な学びを与えてくれるからだ。その事実を受け入れて前進しよう。誰かがあなたのもとを去っていったら、その人を心の中で手放そう。そして、それが終わりではなく新しい始まりであることを知ろう。単にあなたの人生におけるその人の役割が終わったというだけだ。その人がいなくなっても、あなたの人生はまだつづく。

死ぬ前に後悔したくない8つのこと

後悔せずに生きるにはどうすればいいか。年をとったときに後悔しないための8つのことを紹介しよう。

1 愛する人と一緒に、たくさん笑わなかったこと

仕事が忙しくて、それに全エネルギーを注いでいると、人生のバランスがとれなくなる。仕事に精を出すことは重要だが、家族との団らんや大切な人とのデートとのバランスをとる必要がある。

2 いつまでも他人を恨んでいたこと

他人を恨んでいるかぎり、自分の幸福度は低くなる。誰かにもう一度チャンスを与えるべきだと判断したら、ぜひそうしよう。そして、その人と新しい幸せな関係を構築する方法を見つけよう。

3 自分の夢を実現しなかったこと

不幸なことに、あなたが夢の実現に向けて第一歩を踏み出そうとすると、周囲の人、特にあなたを気づかっている人が間違ったアドバイスをする可能性がある。あなたの夢や人生の目標をよく理解していないからだ。周囲の人のアドバイスに耳を傾けることは重要だが、最終的には自分に正直に生きる勇気を持つべきである。

4 自分の気持ちを抑えたこと

多くの人は他人とうまくやっていくために自分の気持ちを抑圧しがちである。しかし、自分の気持ちを適切に表現したほうが、人間関係をうまく発展させていくことができる。

5 自分の経済状態に無頓着だったこと

収入の範囲内で消費すれば、自由を手に入れることができる。不要なものを買うのをやめて、必要なものだけを買う習慣を身につけよう。お金に振り回されず、お金をしっかり管理することが大切だ。

6 失敗を恐れて行動を起こさなかったこと

状況を分析するのは必要だが、あまり分析しすぎると怖くなって身動きがとれなくなる。そんなときは深呼吸をし、思い切って次の一歩を踏み出そう。たとえうまくいかなくても、教訓を学べば次に生かすことができる。

7 自分を不幸にする人たちと一緒に過ごしたこと

人生の本当の幸せを見つけるためには、自分を不幸にする人たちとの関係を断ち切る必要がある。その選択はあなた次第だ。

8 他人の人生に貢献しなかったこと

他人を幸せにすることや他人の苦しみを軽減することをしよう。他人の人生に貢献すると、その人の世界を変えることができる。

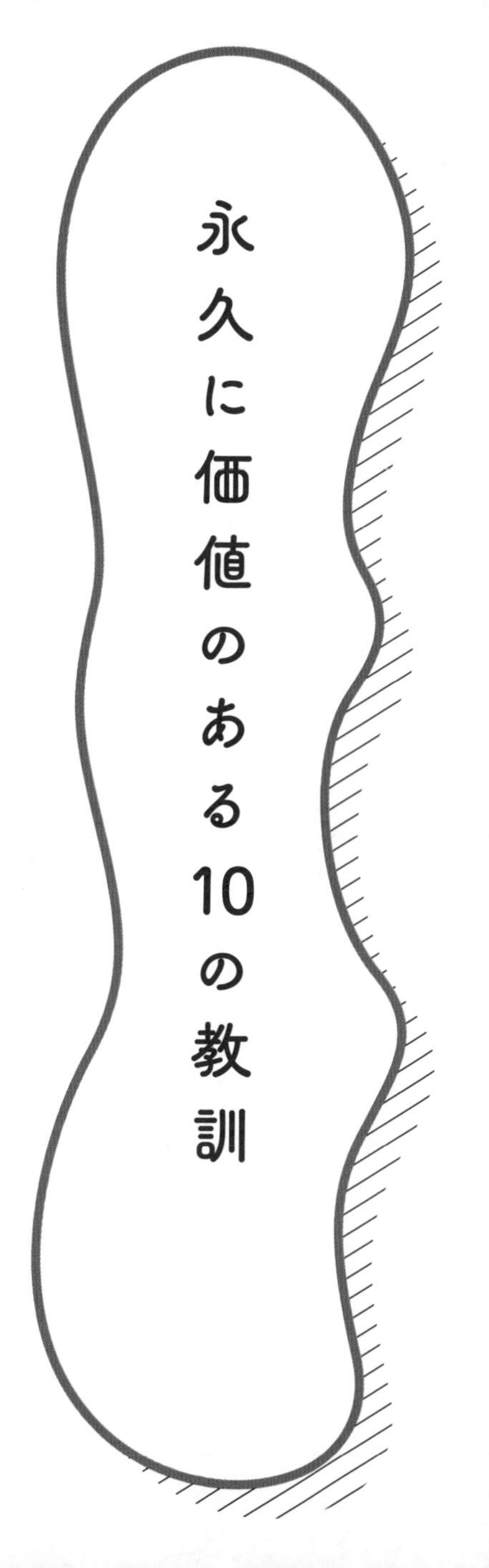

永久に価値のある10の教訓

充実感のある人生を送るための重要な教訓を紹介しよう。

1 幸せは心の中にある

幸せとは、愛と感謝の気持ちで生きることである。感謝すべきことと愛する理由は常にある。身の回りをポジティブな視点で眺めてみよう。

2 毎日、人生について学ぶ

毎日、さまざまな経験をし、なんらかのことを学び、知識を吸収しよう。毎日、心を開いて人生について学びつづけよう。

3 経験は最高の教師

他人に教えてもらったことを記憶するだけでなく、自分でいろんなことを経験しよう。人生はたいてい適切な時間に適切な場所で大切なことを教えてくれる。

4 人生では粘り強い人が得をする

どんな試練に直面しても、大好きなことに粘り強く取り組もう。人生は途中であきらめる人に報酬を与えない。最終的に、人生は粘り強い人に報酬を与える。

5 優先順位をつければ成果はあがる

「忙しくて時間がない」と言い訳をするのではなく、優先順位をつけて取り組もう。偉業を成し遂げた人たちも、あなたと同じように、一日は24時間しかなかった。

6 つらくても希望を持ちつづける

夢を持ってポジティブな行動を起こすかぎり、希望がある。希望があるかぎり、生きる喜びがある。

7 たいていの場合、正しいよりも親切なほうがいい

人には常にやさしく親切にしよう。間違いを指摘するより、じっと話を聞くことのほうが、相手にとってはありがたいことである。

8 すべての人の幸せを願うと、いいことを引き寄せることができる

他人を裁くよりも他人を愛するほうがずっといい。他人の悪口を言うのではなく、他人を理解するほうがはるかにいい。

9 心の姿勢は自分次第である

他人を許さないかぎり、前進することはできない。他人が何を言い、何をしようと、あなたは自分の心の姿勢に全責任を持つべきである。

10 どんなにつらくても感謝する

すべてのことが思いどおりになるとはかぎらないが、今、自分が生きていることに感謝の気持ちを持とう。

Part
9
希望

希望に関する質問

◎最も手に入れたいものは？

◎ぜひやってみたいことは？

◎人生で最高の決断は何か？

◎人生で最大のモチベーションは何か？

◎最も感謝していることは？

◎何を最も成し遂げたいか？

◎最も充実感が得られることは？

◎大勢の人にメッセージを伝える機会があれば、どんなメッセージを伝えたい？

◎最近したことの中で覚えておく価値のあることは？

◎最後に新しいことに挑戦したのはいつ？

素晴らしい人生の旅に
出かける準備は
できているだろうか。

本書は、原著の
『1000 + Little Things Happy Successful People Do Differently』
をもとに、
『誰でもできるけれど見過ごしがちな 幸せに近づく1000のリスト』
というタイトルをつけています。
翻訳にあたり、日本の読者が読みやすいように
項目数を含めて編集を加えております。
オリジナルの1000のリストを知りたい方は、
著者のブログ（marcandangel.com）にぜひアクセスしてみてください。
（ディスカヴァー編集部）

誰でもできるけれど
見過ごしがちな

幸せに近づく1000のリスト

MARC CHERNOFF AND
ANGEL CHERNOFF

発行日　2021年8月20日　第1刷
2021年12月5日　第4刷

Author　マーク＆エンジェル・チャーノフ
Translator　弓場隆
Illustrator　Mayu
Book Designer　岩永香穂（MOAI）

Publication　株式会社ディスカヴァー・トゥエンティワン
〒102-0093
東京都千代田区平河町2-16-1 平河町森タワー11F
TEL　03-3237-8321（代表）03-3237-8345（営業）
FAX　03-3237-8323
https://d21.co.jp/

Publisher　谷口奈緒美
Editor　大山聡子 橋本莉奈

Store Sales Company
安永智洋　伊東佑真　榊原僚　佐藤昌幸　古矢薫　青木翔平　青木涼馬　井筒浩　小田木もも
越智佳南子　小山怜那　川本寛子　佐竹祐哉　佐藤淳基　佐々木玲奈　副島杏南　高橋雛乃
滝口景太郎　竹内大貴　辰巳佳衣　津野主揮　野村美空　羽地夕夏　廣内悠理　松ノ下直輝
宮田有利子　山中麻吏　井澤徳子　石橋佐知子　伊藤香　葛目美枝子　鈴木洋子　畑野衣見
藤井かおり　藤井多穂子　町田加奈子

EPublishing Company
三輪真也　小田孝文　飯田智樹　川島理　中島俊平　松原史与志　磯部隆　大崎双葉　岡本雄太郎
越野志絵良　斎藤悠人　庄司知世　中西花　西川なつか　野﨑竜海　野中保奈美　三角真穂　八木眸
高原未来子　中澤泰宏　伊藤由美　俵敬子

Product Company
大山聡子　大竹朝子　小関勝則　千葉正幸　原典宏　藤田浩芳　榎本明日香　倉田華　志摩麻衣
舘瑞恵　橋本莉奈　牧野類　三谷祐一　元木優子　安永姫菜　渡辺基志　小石亜季

Business Solution Company
蛯原昇　早水真吾　志摩晃司　野村美紀　林秀樹　南健一　村尾純司

Corporate Design Group
森谷真一　大星多聞　堀部直人　村松伸哉　井上竜之介　王廳　奥田千晶　佐藤サラ圭　杉田彰子
田中亜紀　福永友紀　山田諭志　池田望　石光まゆ子　齋藤朋子　竹村あゆみ　福田章平　丸山香織
宮崎陽子　阿知波淳平　伊藤花笑　伊藤沙恵　岩城萌花　岩淵瞭　内堀瑞穂　遠藤文香　オウユイ
大野真里菜　大場美範　小田日和　加藤沙葵　金子瑞実　河北美汐　吉川由莉　菊地美恵
工藤奈津子　黒野有花　小林雅治　坂上めぐみ　佐瀬遥香　鈴木あさひ　関紗也乃　高田彩菜
瀧山響子　田澤愛実　田中真悠　田山礼真　玉井里奈　鶴岡蒼也　道玄萌　富永啓　中島魁星
永田健太　夏山千穂　原千晶　平池輝　日吉理咲　星明里　峯岸美有　森脇隆登

Photo　カバー：©Mitsushi Okada/orion /amanaimages
本文：Unsplash
Proofreader　文字工房燦光
DTP　株式会社RUHIA
Printing　シナノ印刷株式会社

ISBN978-4-7993-2777-7